ニルヤニヤ
未知・未来の
世界を
知る人・者
大石和美

目　次

カバーデザイン　重原隆

第一章　はじめにお話ししたいこと

第一章　はじめにお話ししたいこと

ニルヤ ニヤの由来

古《いにしえ》の琉球において
ニルヤ　　　　　：海のかなた。異界。未知。
ニヤ（ニーヤ）　：お方。者。知る人。行う者。
ニルヤ・ニヤ（ニーヤ）：未知の世界を知る者。異界の世界から来た者。
を意味しています。

現在の沖縄では、ニライカナイの事は知っている方々もいますが、右記の、ニルヤ、ニヤ（ニーヤ）のことを知る人は少ないです（音としてはニーヤ）。

神は、何故、人と言う存在を創ったのか。
神は、何故、人と言う器に入ったのか。
神は、何故、人を忘れ眠ってしまったのか。

神と言う、存在は、人か、自然か、地球か、惑星か。

それにより、人が受ける神託は理（ことわり）の意味が違ってきます。

私は神託啓示を受け取る者であり、神と称する者達と共に歩み、神託啓示を伝え、大いなる存在達の依《よ》り代《しろ》となり神事を行う者の一人です。

神々から伝えられることは、厳しいものもあります。つらいものもあります。

私は、我々は、地球の再生に関わる魂と言うものを、掬《すく》うことが出来る者達と関わっていきたいと思います。

一人ぐらい、「人の世界では未曾有の大惨事が起こる」と言う厳しい神託啓示予言を伝える者がいてもいいかと思います。

この命があるかぎり、たとえ忌み嫌われても、畏怖されても私は、その一人でありたい、とこの本の題名を決めました。

私がPowerPointを使い、講演をしたのが、２０１７年イギリス・ロンドンからになります。

我々の神託啓示を世に伝えたいと思ったのは、東日本大震災や各地の天災が幾つか現実になったからです。

沖縄で生まれ、現在、神託啓示を受ける神んちゅとして、長年にわたり神託啓示を見つめて行く中で、幾つかの啓示が現実に現象として現れ始め、これらを文字にして残そうと考えました。


書くにあたって「第十三章　世界の災害と『人類と地球』」までは、令和元年（２０１９年）に本の発行を間に合わせるために、我々に降りた神託啓示を幾つか集め、地震や天災に関することを主に書きましたが、残念ながら令和元年には間に合いませんでした。

しかし、まだまだ、神託啓示（メッセージ＝予言）の中には現実になっていないものがあります。これから、起こる神託を含めて、今までの原稿を編集し書き加える事にしました。

この本を読まれる方へ

この本の内容にある沖縄の精神世界やアミニズムの根底を知らずして、神んちゅ達が全て私と同じだと思わないでください。

私はある意味、沖縄の伝統的な神んちゅから逸脱しているかもしれません。

私に降りて来る神託啓示によっては、沖縄口（うちなーぐち）＝方言・琉球語や日本古来の万葉調の様な文言が降りてくる事があります。

伝統的な神んちゅの方々は、沖縄の土地や龍宮、日本の大地や氏神と言われるものに対して、五穀豊穣、人々の安寧を願い、昔から続く村の伝統に伴い祈りや神事を重ねている神人達です。どの神々を扱い、どのような立ち位置にいるのか、何を行うかによって、神んちゅと呼ばれる方々も、神行事における立ち位置が違うと思われたほうが、分かりやすいかと思います。
私は神託啓示を受け取る者であり、神託啓示を伝え、神と称する者達と共に、歩み、大神達の依り代となり、神おろしの神事を行う神んちゅの一人です。

私の仲間内に神んちゅという名称ではありませんが、当時共に聖地を巡り、祈りをしていた沖縄の「ユタさん」や、天外と言われる意識体達、地球生命の意識体達、異次元を通して大いなる存在達より送られてくる、壮大なメッセージを伝えてくる（神託が降りる）通称、「天天（テンテン）」と呼ばれる方がいます。
この本は私や通称天天と呼ばれている方をはじめ、「我々」と言われる霊的意識体、「大いなる存在」と言われるものからの神託啓示について記したものです。

ところで、霊的資質はあっても、未だ神々とやり取りや神事が出来ない者、巫女になり切れていない者を私は「巫女魂（みこだま）」と呼んでいます。

何年も前から、各国の地震、自然災害も含めて、異常気象はもちろん、地球規模の天災の啓示が現実になり、益々ひどくなるのを受けて、私は巫女魂の知人や友人達にも、私が神と称する者達とやり取りした神託啓示や、天天の神託啓示を伝えるようになりました。

更に、東京・沖縄でも講演をするようになりました。

我々が大いなる存在と呼んでいる意識体からの神託啓示は壮大で、多岐にわたります。

例えば、人類について、神智学、地球生命科学、地質学、物理学、天文学、宇宙自然界、生命体の細胞核、地球、銀河系惑星、引力、重力、量子力学、素粒子について等、膨大かつ壮大な事柄が今も変化しつつ、啓示と言う形で降りてきます。

本当は、専門家達の科学的見地からの助言を仰ぎたくなるような啓示もあります。これらを何十回・何百回と目を通して解読し、解釈を加え、現実に表れたことを検証し、未来に起こる出来事を知っていきます。

そうこうしているうちに、スピリチュアルブームの中で、神んちゅや、霊能者、霊的存在にあこがれた、一部の流行のスピリチュアル系マニアが、霊感などもなく霊能者でもないにも関わらず、あたかも自分に神や霊が降りたようにふるまい、あろうことか、富裕層を騙したり、犯罪に手を染めたりする者も出てきました。

我々の神託啓示においては、神代の世界観を憧れやミーハーな精神で扱うことは出来ません。誤解を招く可能性があります。またそういうことを行えば、見えない存在達・神と称する者達からの厳しい神判の憂き目に子々孫々まで遭うこともあります。事実、神々の神判を受けた者達もいます。

このような出来事があったため、我々の神託を外に伝えることをやめようかと考え、ブログも閉鎖してしまいました。

２０１７年になり、南米コロンビアの先住民族の四つの部族（コギ族、アラワコ族、カンクワ族、ウィワ族）の第一〜三回の集会に行きました。

その集会で、私は自分達に降りている啓示を伝えました。アラワコ族のマモス達を束ねるマモ・クンチャより「こちら側の大いなる存在達から、日本のグランマの貴女も、我々と同じメッセージをもっている、これを人々に、世界に伝えてほしい」と促されました。

マモスとは、部族の精神的指導者であり、大いなる存在達からメッセージを受け取る高僧になります。

私は自分達に降りてくる神託啓示が週刊誌ネタや、オカルト雑誌、新興宗教と同じ扱いを受けたり、一部の流行のスピリチュアルワークに使われるたりすることを良しとしていません。神託啓示の信憑性は勿論、我々が思う、人が住む世界、霊界も含めて、神界、龍宮神・聖獣、自然神等、創造主、宇宙と言われる別次元の大いなる存在達との、信頼のもとで、私、我々の存在は成り立っていると信じているからです。

イギリスで知り合ったウィズダム・キーパーズの一員の学者の方が、我々のメッセージを聞き、シャーマン達はメッセージを神々の世界観で話すことが多いので、人々は神話の様に摩訶不思議なことと受け止めてしまうと言われました。

確かに、我々も神と称するもの、大いなる存在達から、言葉として降りて来る時もあります。その言葉は単語においても難解なため、啓示の内容によっては、私はそれらを努めて、サイエンスの方向で伝えようと考えていることを話すと、その学者曰く、むしろその方が分かりやすいと答えてくれました。

今まで、知人や講演会で神託啓示を伝えてきましたが、近年の地球気候変動、異常気象が目立つようになってきたため、活字に残そうと決めました。

この本を執筆している最中に、世界を震撼させる、新型コロナウイルスが発生しました。

これについても、ウイルス、古生菌、ＲＮＡの変化、突然変異というものが、我々の神託にあり、２０１３年にはすでに巫女魂達にＹ遺伝子変異、ウイルス変異の神託啓示を配信しています。

私は、地球の意識による生物の変化が、ついに始まったと思っています。

この本を手にして、読まれた方々が、我々の神託啓示をどのように思われるのか、我々に畏怖の念を覚えるかは定かではありませんが、人、人間、人類に対して、神と称する者達が、どれほど憂いていたか、沖縄の龍宮やこの国の行く末はもちろん、この星に住む人々、人類について、どれほど案じていたか知っていただければと思います。

第二章　沖縄の精神世界

第二章　沖縄の精神世界

ニライカナイ信仰

沖縄は古よりニライカナイ信仰というものがあります。

遥か遠い東（辰巳の方角）の海の彼方、または海の底、地の底にあるとされる異界に、理想郷があると信じられています。

ティダと言われる太陽神、自然を祀るウタキという聖地で五穀豊穣の祈りを行ったり、先祖に祈りを捧げる祖霊神を祀ったりします。

ニライカナイ信仰について、超古代文明が好きな方はムー大陸がそうであったのではないかと、都市伝説のような事を言われる方もいます。

古より、男は「海人＝海んちゅ」と言われ漁師など海の仕事をし、「女の人は神人（神女）＝神んちゅ」という諺があります。分かりやすく言うと、男性というのは海に食料を採りに行く、女性は航海に出た男達の安全を願い、祈りを行うという意味になります。

また、男系の家族に女性がいれば、家族・特に兄弟を守護すると言われ、おなり信仰と呼ばれています。女性が男性を守護するとも言え、血族から続く祖先、一族を守る事につながります。女性が血族を守ると言ってよいでしょう。ひいては、他者、人々、村、町、国に対する祈りへと続き祈りの基本になります。

特に女性は男性よりも、霊力が高いとされています。

沖縄では心身喪失になったり、社会的に受け入れがたい症状になったりする人の事をターリルと言います。その中でも、人が知りえないことを言いだしたり、古い言葉を発したりすることを神ダーリと言います。日本で言う所の霊的な障り、巫女病と言われる症状です。

この様な障りと言われる状態になった人のことを、沖縄では産まれながらにしてサーダカ産まれ、タカ産まれ（生まれつきの霊感能力のある人）といわれています。

しかし、サーダカ産まれと言ってもその霊力には差があります。中でも、カミングワァ（神に仕える子）と言われる、霊的資質が高く産まれてくる子を、シジまたはチヂ（精霊とか霊力）が高いと言います。

霊的存在に気づいているからといって、誰もが目覚めている状態でもなく、全ての者に霊感能力が宿っているわけでもありません。

沖縄の霊的能力について

沖縄の霊的能力を分けると

・ユタ　・神んちゅ　・ノロ

という存在達になります。

ユタ

最近、スピリチュアル系雑誌や本土の方からも、沖縄の霊能者＝ユタさんと認知されてきましたが、昔からユタさんの事は、グソー、グスーを扱う人と言われています。グスー、又はグソーとは、亡くなった人が逝く霊界を意味します。

俗にいう、先祖、祖霊神を扱う人の事を言います。

沖縄には「医者半分ユタ半分」と言う諺があります。

沖縄では、昔から、心身の不調があるが病院に行っても原因が分からない、霊的な障りがあるかもしれない、だから霊的な問題があるならば、ユタさんの処へ行き、ユタさんを通して霊的に判断・「さにわ」を行い、先祖霊に聞くという考えがあります。今で言う鬱《うつ》症状や、個人的なことから家族間の問題があれば、先祖に伺いを立てる、という意味になります。その他、戦争跡地の亡くなられた方達の霊魂の声を聞くと言う事もします。また、ユタさんの中には、精霊（龍神）に、土地の吉兆を伺う方もいます。

私はこのような方を、ユタと神んちゅの間の事が出来るということで、神ユタとかユタ神と呼んでいます。

ユタは男女を問いませんので、男性でもユタ事をされる方もいます。

琉球王朝時代においても、ユタが人を惑わしているとお咎めがあったり、明治時代にはユタ裁判というものがありました。

ユタの様な霊能者は、欧米のサイキックを意味するものではありません。日本・本土においては、本によってはユタを巫女と表すようですが、私からすると巫女という神職を現す意味ではありません。

どちらかと言うと、ユタは東北地方にいる「イタコ」に似ていると思います。

※イタコ（ウィキペディアより引用　カテゴリ：日本の伝承　最終更新　２０２1年4月23日(金) 15:02　https://ja.wikipedia.org/wiki/%E3%82%A4%E3%82%BF%E3%82%B3)

イタコには霊的な力を持つとされる人もいるが、実際の口寄せは心理カウンセラー的な面も大きい。その際クライアントの心情を読み取る力（一種のコールド・リーディング）は必須であるが、本来は死者あるいは祖霊と生きている者の交感の際の仲介者として、氏子の寄り合い、祭りなどに呼ばれて死者や祖霊の言葉を伝える者。

※審神者（さにわ）（ウィキペディアより引用　カテゴリ：神道　最終更新　２０２０年11月29日(日) 05:53　https://ja.wikipedia.org/wiki/%E5%AF%A9%E7%A5%9E%E8%80%85）
審神者（さにわ）とは、古代の神道の祭祀において神託を受け、神意を解釈して伝える者のことである。後には祭祀の際に琴を弾く者を指すようにもなった。

神んちゅ

霊力が高くて強いと考えられる女性の霊能者は、海の彼方のニライカナイや天空のオボツカグラの神々（太陽神）と交信する事ができ、その霊魂には神霊がつき、心身共に神に仕える霊能力者で神番と言われています。

日本の神道にある宮司の様な神職とは違い、神と称する者の依り代となり、神の声を聴く又は神託が降りる、それに伴い依り代と言われる肉体（器）に神々を入れ、神事が出来る神人・神女の事を「神んちゅ」と言います。

その中でも、神と共に歩む霊性があっても、まだまだ霊的に育ってないものはカミングワア、神の子供と言われるものです。

これは、社会的な実年齢とは関係はありません。霊性が育つためには実社会での苦行が伴います。それにより、霊性が育ったか否かが重要です。こういう人達は、ユタ神さんのように、昔は一般の方や人様の前に出て、今でいう所の、個人的なセッション、個人的な先祖の祈りなどは行いませんでした。

一般的に、祭祀、神事以外は、表に出ることは無く、あくまでも、神々の神託を受け祈り神事儀式を行うのが女性の神んちゅの役目です。

そして、それが出来る女性（神女）は神んちゅ、神司（かみつかさ）と呼ばれています。弥生時代のヒミコの様な存在達と言えばわかるかと思います。

最近は沖縄の流行りのスピリチュアル系雑誌にも男性の神んちゅと記されるのを目にしますが、昔から霊感があっても男性には、神んちゅと言う名称はありません。沖縄では神儀式をする事は出来ません。強いて言えば神んちゅを支える根人（にっちゅ）と言われていました。

ノロ（祝女）（ヌル）

ノロについてはノロ自身を説明するまえに、沖縄の王統について説明しなければなりません。沖縄の王統は、伝説上の天孫氏王統を始め、グスク（城）と呼ばれる三山時代の北山王統、中山王統、南山王統、第一尚家王統、第二尚家王統に分かれています。

第一尚家王統時代以前も、神んちゅ（神女）は各地にいたようですが、神んちゅ体制はまだはっきりと出来上がっていなかったとされています。

第一尚家王統が滅ぶと、神んちゅ体制を体系化しようとしたのが第二尚家王統です。ノロを組織配置したのも第二尚家王統時代と言われています。これは国の安泰、王府政治にも組み込んだ形です。第二尚家王統時代に、霊力がある神女＝神んちゅを体系化するにあたり、その中から、琉球王国や郡の祭祀を担う組織を作りあげました。

祭祀の間は、心身に神と言われる意識体が憑依するため、神んちゅは神そのものの存在とされています。国の祭祀をする神んちゅの事をノロと呼び、そのため、ノロ（祝女）は神んちゅ（神女＝神人）達から選ばれました。ノロや神んちゅ達は、琉球王府より任命を受け土地をあたえられ国の祭祀を扱う神職に携わる女性神官のことです。

村按司（今で言う市町村）には首里王府から派遣されたノロもいて、村々の祭祀を扱っていました。宮古島を始め八重山諸島にも派遣をされましたが、この場合、島によってはノロ・神んちゅとは呼ばず、神司（かみつかさ又はつかさ）という名称になっています。

世界遺産にもなった斎場御嶽（セイファーウタキ）は、王様でさえも其処に入ることは出来ませんでした。大ノロを始め、限られたノロ達しか入る事が出来なかったウガンジュ（拝所・聖地）です。

体系化された、神職組織の最高神官が聞得大君（きこえおおぎみ）（チフィジン）です。聞得大君は、王様の娘、姉妹、親族の中から選ばれますが、必ずしも霊的に神託が降ろせるとは限りません。

王府・王族一家を守る為に、ノロの組織を作るにあたり、政治を男が、女性が神事祭祀を司り、王国の霊的祭祀と、政治を一体化し、聞得大君という役職を創設しました。これは、おなり信仰からきています。

ある意味、王府の存在があればよいとも言えます。

時代が進むうちに、ノロの祭祀も神降りができるという者より、血筋に重きを置くようになってきました。

琉球王国の解体

日本が幕末から明治へと移行していく時代において、琉球処分という形で、琉球王国は日本の属国扱いとなりました。

琉球王国の解体は

・王族達を日本に帰属させる。

・王族達を東京に連れて行き華族の称号をあたえる。

・王族達は琉球に戻る事を許されない。

その他にも、

・琉球語の禁止と日本語の強要（沖縄県と命名され日本語の教育を強要される。琉球語を話すものには教師による体罰もあった。現在、沖縄の若者達は琉球時代の琉球語をきちんと聞き取る事も話す事も出来ないのが大半）。

・琉球独特の祭祀を禁止する。

・祭祀を司るノロや神んちゅ達の解体。

といったことも行われました。

琉球王国時代の国の祈りを行うノロ達、郡部、村の祈り儀式を行う神んちゅ達も離散を強いられ、祈りを行う事も限定させられ、それに違反する者は罰せられました。

前に説明したように、琉球王国の国・村々の神職は、「王府から任命された」ノロたちです。つまり、琉球処分と共に「琉球王国から任命された」ノロはいなくなってしまったのです。

そのような憂き目にあっても、現在も地方の村においては、昔ながらの祭りの保存のために、辛うじて一部の島々に残っている神司（かみつかさ。沖縄本島以外のノロや、神んちゅ達の別名を神司と言います。ユタは『ノロ、神んちゅ、神司』という扱いにはなりません）や、神んちゅ達が神事を行っている所もあります。残念なことに、神司達も高齢で、後継者が見つからず、村の文化的神事が行われていない所もあります。

神の島とよばれる久高島《くだか》では12年に一度イザイホーという祭祀が行われていました。

琉球王国時代の久高島の女性は他の島に嫁ぐことを許されず、また、島から出ることも許されず、閉ざされた空間での生活を余儀なくされていました。このような閉鎖的な空間であった久高島は、ひときわ女性の霊的能力が高く、龍宮神、自然神と共に家族、一族、島民、人々の生業を守り祭祀が主な島でした。

しかし、祭祀を行うノロの不在・神んちゅ達（神女）の後継者が少なくなり１９７４年を最後にイザイホーは行われていません。これは、久高島だけでなく、宮古島・石垣島の八重山諸島に派遣された、神司達も同様に島から出ることは許されませんでした。

昨今のスピリチュアルブームで、ユタさんという言葉がメジャーになりました。何でもかんでもユタに聞けばわかると、テレビや雑誌でも取り上げられるようになりました。それもあってか、ノロや神んちゅと言う言葉を聞いたことがない方は、私達のような神託啓示を受ける神世事をする方に対して「ユタさんですか？　私の前世がみれますか？」と聞いてきます。私達の大先輩がいた王朝時代の昔の人達だったら、唖然とした事でしょう。

だからと言って、神んちゅ、ノロが霊能者として偉いのかと言っているわけではありません。みえない世界、神々の世界を扱う者達には役目の違いというのがあります。霊的資質があっても、人が生業《なりわい》とする社会生活や、人生において苦というものは存在します。ノロや神んちゅ達の誇りは自分自身の最終的な人生の喜びよりも、他者の個人的な頼みごとよりも、王府の安寧を願い島々の龍宮・自然の神々と共に歩むという自負の元に成り立っていました。

ユタができないものを、神んちゅが行います。神んちゅは先祖事はしませんが、神修行をするサーダカ生まれの子は、先祖に祈りを捧げるために、ユタごとも必要になることがあります。

王朝が滅び、神んちゅの霊性があっても、生活が出来なくなった方達は、生きるために、食を得るために、ユタごとをするしかなかった方々もいました。

祖霊神を扱うユタと、神託啓示を扱い神事をする神んちゅと、国家・王朝の祭祀を扱うノロは、全く違う役目だと言う事を認識していただければと思います。

ユタ・神んちゅ・ノロという祈り人達が大切にしてきた御嶽（ウタキ）ウガンジュ（拝所・聖地）は、沖縄本島でも、大小の島々でも観光地化され、沢山の観光客が訪れるようになりました。

本来の神々の聖地というのは静寂であり、おいそれと踏み荒らしたり、物見遊山で訪れたりする所ではないと思います。

御嶽（ウタキ）・ウガンジュ（拝所・聖地）というものは祈りを行うユタ・神んちゅ・ノロという祈り人達が大切にしてきた場所ですが、この様な観光地化されたウガンジュ（拝所・聖地）に、果たしてそこに本来の自然の龍宮神はいるのでしょうか。

先人のノロ達、神んちゅ達が、今の沖縄の聖地の光景を見たら、どのような神託が降りたでしょうか。また、嘆いたことでしょうか。

琉球王国が処分され、霊能者であるノロ・神んちゅ・神司の方達の一族が解体されたことにより、霊的能力も途絶えたと思っている人達もいるかもしれません。

霊魂と言われる見えない魂は、魂（霊魂）の輪廻転生を経て生まれ変わり、肉体に宿ります。

こうして霊的役目をもったサーダカ生まれの人は、何世代も続き、たとえ時代は移り変わっても、私達は眠りから覚め、自分の能力にも目覚めていきます。

残念なのは、最近は流行りのスピリチュアルブームだけに目がいき、サーダカ生まれの方々が、本来あるべき沖縄のアミニズム、霊的資質の意味について、真摯に捉えることが薄れてきたことです。また、戦前の神んちゅやユタさん達も高齢になり、沖縄の祖霊神の祀り方や神事を教えられる方も少なくなりました。

これでは、果たして神の島といえるでしょうか。正直これから書く、神託啓示を受けても仕方がないと思っています。

第三章　私とは我々とは　～霊能者と霊性～

第三章　私とは我々とは～霊能者と霊性～

霊的意識

沖縄では霊性又は霊魂の事を「チヂ」と言います。

日本では「内なる存在」、海外のスピリチュアルでは「ハイヤーセルフ」と呼んでいるようです。

「私」「我々」という語を神託啓示の中では書いていますが、文章を読むにあたり、ここでの「私」「我々」「大いなる存在達」の意味の違いを分けておきたいと思います。

・「私」＝私自身の意識、意見を表しています。

・「我々」＝霊魂でもありますが、どちらかというと仲間内も含めての神託啓示を伝えて来る霊的意識体の集合体を表しています。

・「大いなる存在達」＝地球上の生命体に関する事を伝えている意識体の事を、大いなる存在達と呼んでいます。それこそ、地球に関わった原始の存在、意識体、地球、惑星、俗にいう、宇宙意識と呼ばれるもの（存在）になります。人が考えている人格神

（氏神）、龍神、自然神とは違います。

霊能者は誰でもなれるのか

今は本屋に行けば宗教、精神世界、神話、流行りのスピリチュアル系に関する本が沢山あります。沢山あるがゆえに人の魂が何であるのか、霊魂とは霊性とは、霊的存在と意識体とは、自分と言う個（私と言う意識・魂）との関係は、生まれた意味等が逆に分かりづらくなっています。

なぜ我々の様な者達が、覚醒（目覚める事）を、輪廻転生を繰り返し、生まれ変わってきているのでしょうか。

インドの修行僧やチベット僧のように、何十年と修行して、その域に達する者もいますが、ただ、それをすれば、誰でも霊的能力者になれるわけではありません。

付け焼刃で簡単に身につくものでも、出来るものではありません。

私達の様な神んちゅを始め、ユタさんや、霊的能力者は、一般の人が見えない「ビジョン」、聞こえない「霊的言葉」を生まれた時から見聞きしている人もいれば、成長するにつれ何かのショックで突然見聞きしはじまる人もいます。

全ての人があてはまるわけではありませんが、霊的作用が始まる人で、不眠症になったり、意味不明なことを言い出したり、鬱症状のように情緒不安定になったりと、肉体や精神的に様々な影響を及ぼし、生活にも影響が出る人がいます。中には命を落とす者さえいます。

この様な症状になった人に対して、先ほども言いましたが、沖縄では「医者半分、ユタ半分」と言う諺を使います。要するに心神喪失になった者は医者だけに頼るのではなく、ユタの所に連れて行き、霊的判断を仰ぎなさい。と言う意味です。

しかし今は、昔ながらの霊力の高いユタさん達も少なくなり、残念ながら精神疾患として扱われることが多くなりました。

霊能ワークにあこがれる方がいますが、霊能者というものは、そう簡単になれるものでもなく、身を削られる程の肉体的苦痛や精神的苦痛を伴う事があるという事です。

私は現世において霊的役目、使命を背負っている人達の事を霊的能力者とみなしています。

霊性について

同じ霊的能力者でも年齢は関係なく、現世におけるその人の人間的資質の成長、霊的成長によっても能力の差があります（力の意味ではありません）。

もちろん前世も加味されます。

霊的能力者は全て同じことをするのではなく、皆それぞれ役割があります。
・亡くなった人の言霊を聞き、魂を救い上げる者。
・自然の精霊達と、協力し自然界の祈りを行う者。
・創造主と言われる、大いなる存在達と対峙する者。
・祈りだけでなく、大いなる存在とともに生命の儀式を行う者。
霊能者達が見えているものは、不確かなものであったり、薄いカーテンの奥にあるようなビジョンであったり、夢であったりと、現実の実写とは程遠いものになります。神託といわれる言霊も、不確かなものの様に思われるでしょうが、そこに真実があるのです。

言霊の神意を受け取り、人と言う肉体の器と魂、霊体が共に歩み、肉体やチヂに神々と言われる物を宿し依り代となり、神事を行う事が出来るまでには、何十年、何百年と輪廻を繰り返し気の遠くなる程の年数がかかります。

人の魂・霊魂と言うモノも霊性も、そう簡単に向上する事はありません。

・全財産を投げうてば、霊性は上がるのか？
・困っている人に、金銭を差し出せば、霊性は上がるのか？
・名誉・栄誉・名声を、欲しがらなければ、霊性は上がるのか？
・病気になり、苦しめば、霊性は上がるのか？
・家族を疎《うと》んじ離れれば、霊性は上がるのか？
・家族の幸せを願えば、霊性は上がるのか？
・人々、国々の幸せを願い祈れば、霊性は上がるかのか？
・宗教に身を置けば、霊性は上がるのか？
・ヒーラー・チャネラーのワークを学べば、霊性は上がるのか？

たとえ霊能者、宗教者、有識者であっても、名誉、名声、裕福、貧困であっても、神々の世界では霊的資質の優劣は一切通用しません。

自分自身を生涯見つめ、人と言う自分の根っこに宿るものにたどり着き、自分の過ち、愚かさ、醜さを、知ることです。

それは、波の様に繰り返し繰り返し押し寄せてきます。

その度に、分からなくなり、迷い、すべきことを忘れ、我欲（がよく）に捉われて行きます。

我欲に落ちても、人という自分自身で這い上がり、再度、「身の内」という人の器と、「身が魂」という自分の中にある心の内を見つめ、自分自身に問いかけ、人の器と、人の魂と霊性に語り、文言（言霊）を受け止め、生涯をかけて進むことが霊性の向上に繋がっていきます。


それらを乗り越え、私と言う意識、我々と言われる霊的意識を選り分け、神託を聞き、神と言われる存在達と対峙し、自分の役目、使命を肝に銘じ、欲物に手を染めず、私という自分を律する事を、常に強い、何があっても、揺るがない精神を作り上げて、やっと一人前の霊能者になります。


霊魂と言われる見えない魂達の役目は何世代も続き、時代は移り変わっても、肉体の輪廻転生（血族）、魂（霊魂）の輪廻転生を経て生まれ変わり、肉体に宿ります。これは沖縄だけでなく、世界各国の地域の人達の歴史にも窺い知れます。

これは神話に出てくるような、創造主、大神、精霊達と共に働く使命を持った者達と言えるでしょう。
そして、霊的資質を持った者達は霊能的能力を、ひけらかすことをせず、優劣をつけず、能力を力と捉えず、人と神々の橋渡しであるということを神託を通して学んでいきます。
これを、人という人間世界の社会生活だけでなく、自分の中にいる魂、内なる存在達から学んでいきます。

私が巫女魂と呼んでいる霊的資質がある者達には、神事のやり方よりも、人間と言われる自分の事も分かっていない者が、見えない世界観、神々の世界観を扱うためには、人間の資質、霊的資質の向上に向き合う努力を、何度生まれ変わっても、常に怠るなと厳しく教えています。

これから、人の魂も、霊的資質を持った巫女魂、人格神になった氏神、自然神達でさえ次の世界へ行けない時代に突入していきます。
我々と言われる霊魂が肉体を離れ死んだときに、神判を受けると伝えているのは、新たな霊魂として、次の世界、未來を担える種子となれるかを、そこで言い渡されます。

私が今まで知りあった者の行く末を案じ諌《いさ》めるのは、現世において行った事柄が、ちり芥《あくた》にもならない事とならないためです。

ちり芥にもならないと言うのは、我々にとっては、人間の「死」以上のモノになります。人の魂を洗う三途の川、レテの川（レーテー）を渡る事も出来ず、人の肉体と言われる器に入る霊魂は空間に漂う事も出来ず、どこにもいけず、まるで存在さえも何もなかったかのように消えるのです。

見える世界は人の理（ことわり）、見えない世界の魂は、人の世界観の理は一切通用しません。原始の世界は人の理も神の理もありません。


原始の星の意識のモノ達と一体化・同化するには何千年、何万年と、更に気の遠くなるような輪廻転生を繰り返してやっとその位置に立つことが出来ます。

しかしそれは人の世界であれば、生と死の狭間、次元空間に立つ意味もあります。中にいる霊体が目覚めても、人と言う意識がそれを拒んだり、疎んじたり、天と地との約束事を破棄すると、人としても神と共に歩む霊体が腐り、煮凝りの様になってしまい、その霊性は消えていきます。


身体の中にいる霊魂が空間を行き来するには、体感することが必要になります。

但しそれらを頻繁に行うと、自分自身の命の時間を縮めかねないこともありえます。常に霊的意識が消えてなくなる、肉体も霊魂も死というものが目の前にチラつき、その覚悟の上に成り立っています。

私、我々はそれが分かっているので長い時を眠ります。いざと言う時に目覚め、時と共に動き出すのが、我々の様な存在です。

これは人の言葉で説明しても、文字だけで説明しても、なかなか理解するのは難しいと思います。

第四章　神託とは啓示とは

第四章　神託とは啓示とは

神託とは

神託＝人間の世界観とは違う、異次元世界、神と称する者達からの言霊、文（ふみ）です。

神託は、霊能者の役目、使命によって違ってきます。

また、降りてくる言霊によっても、大きく意味が違ってきます。

動物霊を低級霊という方達もいますが、私からすれば、動物霊ほど自然界の事を教えてくれます。とても大切な精霊ともいえます。

啓示とは

啓示＝神話にあるような神と称する者達や、大いなる存在という意識体から、人間・人類・自然界・地球に関する事柄において、未来において起きてくる現象の事を言います。

見えない世界、神と称する世界観を担うには、私という自分の強い意志と覚悟、我々と言う霊的意識と、この二つの意志をもって自分の肉体が依り代となり、神々を降ろし、大いなる存在達とやり取りを行います。これを私は神降り、神議を行う神事と称しています。神託啓示によっては、精神的・肉体的にとても辛いことを強いられることもあります。

私の元を訪れる方々で、霊的資質があっても、まだ人間的資質が伴っていないときには、まだまだ神託をおろす域に達していないことを伝える事もあります。神託啓示をおろすことはできても、神事はできないものたちを巫女魂と私は呼んでいます（前でも触れましたが、これについては次章でも記します）が、まだその巫女魂にも満たない人間が、大事な神託を人間・個人的な解釈で、とんでもない方向へ進んでしまうことがあるからです。

例を出すと、

・自分にしか正しい神は降りていない。
・自分以外の霊能者達は悪い神にだまされている。
・自分の祈り・神事の邪魔をしている。
・自分の言うとおりにしてほしい。
・パワースポットブームに乗っかり聖地を我が物顔で荒らす。

と、周りの者を貶めしてしまうような行動をとるようなことがあるのです。

これが、一部の流行りスピリチュアル系による弊害であり、巷で言われるスピリチュアル難民の発生の要因です。大きく言えば、犯罪に手を染め加害者、被害者が出てしまうことさえ考えられます。

神託は、超古代の歴史にあった出来事も伝えてきます。当時の栄華を取り戻してほしいと、当時の霊魂達は訴えかけてくることもあります。それは、無理というものでこの古い魂達を、慰め、慈しむ祈りや神事をしなくてはなりません。

この様に、神託啓示が降り、神事を行うというのは、心身を削る思いで行っています。

神託啓示を載せるにあたり

大いなる存在達からの神託啓示の内容は、霊界（亡くなった方達の世界）とは違い、単語も聞いたことがないものが多く、そのために神話からひもといたり、言語からひもといたり、またその筋の専門家の方達でなければ分かない内容もあります。

水の生命、四元素、遺伝子、人間という生物、魂と言われるものをはじめ、世界の地震やプレート活動について、神託啓示は今後起こりうるであろう現在の地球の状態を載せています。

学者達の意見や、地球の状態の研究があればそれをもとに検証したいのが本音です。一つ知っておいていただきたいのは、私の周りには神智学者、物理学者、天文学者、地球生命科学、地質学、地震を研究されている知人、有識者や学者はおりません。

私は神託啓示に関して、学者の研究発表、並びに現実現象を参照にしていますが、そのことについて研究者の方々を揶揄《やゆ》し、非難する意図はありません。

現実に起きる出来事を、見える世界で言えば、政治、経済の国々の動向や、自然環境の変化、気候変動が科学的に分かるようになったことです。

俗に言う、異常気象、地震、火山活動等、これは人として分かる出来事です。

では見えないモノ、見えない意識、人としての魂、人の器（肉体）にいる霊魂、神と称する意識体達はどうでしょうか。


２００７年末に、マヤ族の13代目ドン・アレハンドロ大長老の来日について、ある方より沖縄の龍宮神・太陽神、日本の神々に伺いを立ててほしいと秘かにたのまれたのを機に、２０１０年10月、世界の13人のグランマザー達が来日し、奄美大島においてセレモニーを行いました。

そして、火の分け火をしていただいた、兵庫県の普門寺の十一面千手千眼観音へと続きます。

また、神託で伝えていた２０１１年の３月11日の巨大地震へとつらなり、これらは、まるで神話を彷彿とさせる物語のように続いていきます。

この本では、日本列島の地震の啓示として、２０１１年3月11日の東北地方太平洋沖地震の前後、仲間内の通称天天（テンテン）に降りた壮大な神託啓示をはじめ、私以外の啓示も含まれています。

未だ「霊的資質」があっても、「何々にお願いする祈り」であったり「神託やビジョン」は見聞きしたりすることは出来ても、まだ神々とのやり取りも、神事も出来ない者を、沖縄では「神んぐわぁ」、本土で巫女になるための修行中の者を総称して私は「巫女魂」（みこだま）と呼んでいます。

啓示については３１１のように現実に起きた地震も含めて、Y遺伝子崩壊等、今後の日本列島の現実に起こる本震に向けて、主に原文の一部、または原文を解釈して比較的わかりやすくした内容を載せています。

神託啓示の原文を載せるのも、誤解を招く可能性もあり、天変地異に関する啓示を載せることは恐怖を煽ることにもつながりかねないと思いましたが、それでも私、我々と言われる存在達は一般の方々が知りえない啓示を可能な限りそのままお伝えしたいと思いました。読者の方を不安に陥れるのは私の本意ではありません。そのことは留意していただければと思います。

第五章　水とは

第五章　水とは

この章は自然界の生命と言われる意識達と、大いなる存在達の水に関係する神託啓示になります。

水の種とは
水の循環とは
アプスーとは
水鏡とは
アカシャとは
超古代とH_2O_2

この神託啓示は日本列島の四つのプレート、及び、世界のプレート活動や、生物多様性にも関係することになります。

水の種とは

・水の波長をうむもので、水の根源・渦

・波長により、眠っている水・原始の水をよみがえらせる、種みたいなもの

現実にどこそこの綺麗な水とか、濁った水を機械で浄化して飲み水にかえる、水のことではありません。

水の種についての神託

「水の種そのものを蘇らせ、海底の水の流れや音の波長により、海底奥底に眠っている水・原始の水を変えていく」

「海底の水の流れを変え、大気中にある水の動きを変え、水の音を創りなおし、地球上の全ての水の成分を変えることで、地球の自然界＝全ての生命の組織を創りなおしていく」

この原始の水を甦えさせるためには、プレートを動かしたり、海溝を開いたり、海底火山を噴火させるたりする必要があるようです。

それは、地球の音、振動、波長を変えて行くことにもつながります。

それが水の種になり、水に転写し、大地に流し、大気に蒔くようにして、水を蜘蛛の糸の様に広めていきます。

水の循環

２００８年３月　水の循環について

「水の命を循環させるため、調和を取り戻すため、更に水を流しましょう。内よりわきいでる水を増やすため、とりこむ火を弱めましょう」

「北米・南米の分断？」

この内容は、「生命の源である水は、悪循環をくりかえしている。このままでは水は生命を創らなくなる。循環を取り戻すために、更にたくさんの水を流す必要がある」という意味になります。

それは、人間の世界にとっては、暴風や水の災害と言われるほどの、水の量です。

この水の量を増やすには、今は地下のマグマを弱める必要があります。

その代わり、北米と南米は分断するかもしれません。

水の命の循環が弱まっている以上、地球のプレートの動きが早まるのは仕方がないことです。

２０１０年９月　肉体と水の循環について

「肉体は大地と一緒で、その中に水もある」

「水があると火生まれ、火があると水生まれる」
「肉体と水の循環が上手くいかない。という事は、水と火の循環が上手く絡み合っていない」

アプスーとは

私や天天に降りた古代の神の名前で、アプスーというものがあります。

アプスーの神託啓示

「アプスーを起こせ」
「アプスーを通せ」
「アズーラ、青い水を呼び戻せ」

「生命の源である水は悪循環をくりかえしている」
「このままでは水は生命を創れなくなる」
「水の循環を取り戻すために、更に沢山の水を流す必要がある」

水の変化に伴い大いなる存在は、現在の水の動きを変えると伝えています。

「水の命の循環が弱まっている以上、地球の全プレートの動きが早まるのは仕方がない」

「水の命を循環させるため、調和を取り戻すため、地球の最初の水に戻す必要がある」

「海水も含めて古代の原始の水に戻す必要がある」

「地表だけでなく、地下水脈、海底にある古代の水を海水と混ぜる必要がある」

これらの神託啓示が進めば、人間の世界にとっては暴風や水の災害、自然災害が多くなります。又、海底火山の噴火や海底の地滑りが起こり、巨大地震の引き金になります。

北米と南米は分断され、未来的には海底が浮上し、今ある陸地は水没する所が多々起きてくるでしょう。

アプスーを調べると、古代シュメール神話に出てくる地球の最初の水の神の名前でした。

そして我々は水の儀式と、水鏡を創るように、大いなる存在達より神託啓示を受けます。

水鏡とは

「魂の水晶盤と言われている」

「魂の水晶盤は簡単に薄氷のように砕かれ、弾かれてしまう」

「魂と呼ばれる水が濁ると、人の水は濁り霊魂は弾かれる」
「人の心に宿る、魂・霊性みたいなもの」

現在、魂の水晶盤と言われる水鏡が砕かれてきています。そうなると、人間は魂を失った肉体だけになり、物事の思考、想像をすることが出来なくなります。又、言葉から受ける波長や、心に染みわたる慈しみをなくし、人の痛みを知ることもなく、ただの野獣化した動物と何ら変わらなくなります。更に、水鏡を創る大神や母神達も、影が薄くなっていきます。
神と称する者達と共に、神事を行う私達のような神んちゅ、シャーマン達も少なくなっていきます。

水の神託

水鏡を創る事。
水の種を撒く事。
アカシャーの祈り儀式を行う事。
（四元素は水・火・土・風（大気））
原始の水を起こす事。

水鏡を創り、祈り儀式を行い、人々にイニシエーションをし、生まれた子供を水で清め、水の神々より、肉体に宿る魂に愛の言葉をかけていく……。

水鏡を創るという事は、人の心に宿る魂を創る事になります。

アカシャについて

日本人には耳慣れないアカシャは、サンスクリット語で水・火・土・大気とエーテル（光）の４元素のこと。虚空・空間・天空を意味し、五大元素とも言われています。

四元素のアカシャを、我々は大いなる存在達から、

「全ての生命の源の水」

と伝えられています。

このアカシャについて大いなる存在達は、

「人々に知らしめる必要がある」

と、この神託において自然神達、母神達の思いのやり取りがあります。

2008年3月
大いなる存在
　自然神

「アカシャを動かすと伝えている。今更何を言っている」
「『母神達が、人間の肉体・魂は、まだ、七次元、八次元に行くには未だはやい。肉身が持ちません。どうか、高次に移すのはやめていただきたい』と訴えている」

大いなる存在
「全ての創造の源であるアカシャを動かす事にした。人間界のもの達が、祈っているではないか、望んでいるではないか、我々が見間違えたか、聞き間違えたか！　高次世界へ行きたいもの達がいるだろう」

　自然神
「我々は、そこまでは申していません。どうか今回はやめていただきたい」

大いなる存在
「高次元に移りたいと、願っているのは人間達である。九次元を望むものが多すぎる。我らはどちらにするか決めただけ。レムリアを望むものが多い。人間が望んだのだ！」

　この神託は、人が思い描いている願いと思考における、肉体と魂のアセンションの捉え方、母神達の人の魂、肉身を産み育てる生命に対する捉え方、宇宙の意識体、原始の大いなる存在達の「地球に関する生命体」の捉え方等……人間と母神達と、大いなる存在達の四元素、アセンションと言われるものの違いがはっきりとわかります。

大いなる存在達は、命の源の水である、4元素を変換すると伝えているわけです。そうなれば、地球上全ての生命体の遺伝子に影響を与え、人類を創り上げた、地球上の生命体における、DNA、ゲノム配列変化が起きる事になります。

一部のスピリチュアル的な思考からすると、レムリア時代において、肉体があると思われているようですが、我々からすると、レムリア時代は肉体というものはなく、薄い膜の様な存在達なので肉体を必要としません。

高次元に行くという事は、肉体の死を意味します。だからと言って、全ての人類の肉体や魂が高次元に行くことはありません。また、霊的意識体と言われる者達も、全て高次元に行けるわけではありません。

この神託は人間の思考における、魂のアセンションの捉え方や、人の願いと、大いなる存在意識における、地球上の生命の捉え方の違いがハッキリと分かります。なんとも恐ろしい内容の啓示になります。

超古代とH_2O_2
～古代地球の天体移動と水～

全ての水をH_2O_2（過酸化水素水）変換しようとした時代があったという、信じがたい神託が天天から降りています。

２００８年　H_2O_2に関して

「全ての水をH_2O_2（過酸化水素水）変換しようとした時代があった」
「超古代のギザでは失敗し。アトランティスでは暴動が起き。ムーでは陸地に核を使った」
「地球の天体ごと移動（アセンション）を試みようとした結果が今の地球の状態である」

現代の水の性質を変える神託として、「過去の時代にあったように水の性質を変える動き」と伝えています。神託が降りた天天は、勿論アトランティスも、ムーの事も、ギザがどこにあるのかも知りません。

※H_2O_2とは（ウィキペディアより引用　カテゴリ：殺菌消毒薬　最終更新　２０２１年10月１日（金）14:36　https://ja.wikipedia.org/wiki/%E9%81%8E%E9%85%B8%E5%8C%96%E6%B0%B4%E7%B4%A0）
過酸化水素と言われ、過酸化水素は、活性酸素の一種。過酸化水素は活性酸素の一種であり、脂肪酸、生体膜、ＤＮＡ等を酸化損傷するため有害で、生体防御のため速やかに除去しなければならない。

更に、この啓示は、超臨界水にも関係するようです。海の中にある熱水噴出孔から吹き出る水は超臨界流体ではないか、という指摘があります。超臨界流体とは、物質の液体、気体の変わり目である臨界点の温度、圧力下にある物質が、気体とも液体とも言えない状態になっていることだそうです。

また、大いなる存在達は、アカシャと呼ばれる生命の源『命の水』を、変えると伝えていきます。超古代の時の様にH_2O_2を発生させ海水を溶解液にすると、地球上の生命体、人類を創り上げた、ＲＮＡ、ＤＮＡ、ゲノム配列に変化が起きることは否めません。

全ての地上の生命体はいなくなるでしょう。

この大いなる存在達から受けた神託啓示は、人が住む人間界・人間の歴史、物質の世界、にも関わってくるものです。

大いなる存在は、

「あなたが（私に降りている意識体）伝えようとしている事は、皆が（神々）言うように人間の歴史に関わるもの」

「人間と言う生物よりも、地球の水の命が大事であること。このままでは、地球が維持できなくなる」

と伝えてきました。


自然界においての刺激とは何でしょうか。

自然界において、アカシャと言われる全ての水の命といわれる、水、土、火、大気（風）が、現在の環境を変えようとしていたら、私達哺乳類、脊柱動物、植物は、どのような、姿・形に変わるのでしょう。そして、人類は未来の種として生き残れるでしょうか。

人、人間は現在の地球環境と、文明、科学も、人という姿形も、次の未来へと続くと思っています。しかし先ほど述べたように、生命の細胞は環境によって変化するとあります。最近の地球の動き方を見ると、地球の環境は著しく悪化しています。

生命体を創るにあたり、四元素は欠かせません。

大いなる存在は、それを承知の上で、水の性質を変えると伝えているのです。

水の変化に伴い、私は水の儀式と、水鏡を創るように、大いなる存在達より神託啓示を受けます。私達のような者達が目覚め、大いなる存在の神託啓示によって、人類、地球の状態を伝えるという事は、人類にとって有事であるのは間違いありません。

第六章　日本列島のプレート活動地震の神託

第六章　日本列島のプレート活動地震の神託

日本は北米プレート、ユーラシアプレート、太平洋プレート、フィリピン海プレートの４つのプレートに挟まれています。

沖縄プレートは、台湾の北端から九州の南端にわたって存在する細長いプレート。東側のフィリピン海プレートとの間に琉球海溝が存在します。

※プレートとトラフの違い（ウィキペディアより引用）
・プレートは、地球の表面を覆う、十数枚の厚さ１００㎞ほどの岩盤のこと
（カテゴリ：プレート　最終更新　２０２１年10月12日（火）02:30　https://ja.wikipedia.org/wiki/%E3%83%97%E3%83%AC%E3%83%BC%E3%83%88）。
・トラフ（trough）は細長い海底盆地で、深さが６０００ｍ以下のもの。舟状海盆。細長くないものは単に海盆と呼び、深さ６０００ｍを超えるものは海溝という
（カテゴリ：地形　最終更新　２０２１年２月20日（土）06:57　https://ja.wikipedia.org/wiki/

%E3%83%88%E3%83%A9%E3%83%95_(%E5%9C%B0%E5%BD%A2)）。

・海溝（かいこう、trench）は、海底が細長い溝状に深くなっている場所のことである。その深さは深いものでは水面下1万ｍに達する

（カテゴリ：地形　最終更新　２０２1年7月30日（金）09:50　https://ja.wikipedia.org/wiki/%E6%B5%B7%E6%BA%9D）

※海溝と海嶺の違い

・海溝は海洋プレートが他のプレートの下に沈みこむ場所で海底の大きな溝

・海嶺は海洋プレートが湧き出てくる場所で海底の大山脈

龍体の東北沖と福島の神託啓示

四獣神・精霊の世界観では、日本列島は龍体といわれています。プレートも龍体の意味でもあります。

日本列島における中央構造線とホッサマグナの神託啓示

「日本は四つのプレートに挟まっており、徐々にプレートの活動期に入る」

「その影響で地震の群発、日本列島全体の火山活動が起きる」

「それにともない、中央構造線、ホッサマグナというライン上で、日本列島は引きさかれ、日本列島の崩壊が始まる」

「人間の精神性が失われ、生命の魂を産む母神、育む産土神達も失っていく」

という大変厳しい神託啓示になります。

2009年　東北沖と福島の神託啓示原文

「白と黒の分かれた山々に切り裂かれていただきます。振れるは、岩手の地を通った時、先触れをしましょう」

「竜の爪が弱っている。〔竜の玉がない〕場所＝東北の太平洋側」

「福島は動きますよ。磐梯山の婆様は行ってしまわれた」

「龍宮の竜を貸して頂けないか」

これは、

「太平洋側の東北地方の龍の珠である磁場が弱っており、海底を動かさない様にしていたが、それを縫う龍の磁場も弱っている。

日本の活火山の山々の火山活動期に入る。これらの先触れとして、岩手の大地をゆらす。

福島の磐梯山にすむ、古い母神もそこからいなくなってしまった。

人びとの命の循環がなされない。このままでは福島は動きますよ。

龍神が足りない。沖縄〔琉球・龍宮〕の龍神達の磁場のプレートのエルギーも協力出来ないか」

という意味の神託になります（この啓示は現在も進行しています）。


2008年春、マヤ族の13代大長老御夫婦が来日されたおり、最後のセレモニーの早朝に、富士の洞窟で長老の奥様が膝をつき祈りをささげました。

それを見た時に、「世界のグランマザー達を集めよ。母神達を集めろ」という神託が降り、知人にこの神託を伝えています。


更に2009年に「日本のホッサマグナにより日本の崩壊が早くなる。その前にマザー達の祈りが必要」（マザー達＝母神・産土神の意味）という神託啓示を受けました。

この様な神託啓示を受け、どうしたものかと、思いあぐねている時に、巫女魂から世界13人のグランマザーの団体（ＣＳＳ）がある事を教えてもらいました。

第七章　世界の13人のグランマザーの来日まで

第七章　世界の13人のグランマザーの来日まで

13人のグランマザーとは何か、どのようにして彼女たちが集まったのか、まず『世界を救う13人のおばあちゃんの言葉』（キャロル・シェーファー著　白石由利奈監訳　ゴマブックス刊）に書かれていた経緯をまとめます。

グランマザー達を引き合わせたのは、ジェニーヌ・プレヴァ（通称、ジョティ）というアメリカ人女性です。

ジョティは、「センター・フォー・セイクリッド・スタディーズ（聖なる学びのためのセンター）」という、異文化教育、精神修養交流を通して、先住民の生活様式を維持するために設けられた非営利団体の所長もしています。

先住民たちのスピリチュアリティに影響を受けて、長い祈りをしたところ、彼女はある一連のビジョンをみたそうです。

そのビジョンの一つは様々な地域からあつまったグランマザーが輪になっているもので、そこから「女性に発信の場を作りなさい」という使命を感じとった彼女は、彼女がこれまで作りあげてきた先住民族とのコネクションを頼りに、16人の長老の女性たちに問い合わせの手紙をつづります。

その結果、ニューヨークのフォニシアでの会議のために、２００４年11月11日から17日まで、13人のグランマザーは初めて一堂に会することとなりました。私達の先祖代々に伝わる、祈り、和平、癒しの方法を必要としていると信じる人々による会議です。

グランマザーの部族の中でも、13という数字は神聖なものと考えられているそうです。母なる大地と同様に、生命を産みだすという理由から、女性は崇められていました。

会議に集まった13人のグランマザーは、自分の部族や国をめぐり祈りをしています。

私は「世界のグランマザーを集めよ。母神達を集めろ」という神託もあり、13人のグランマザーと共にいる神々を見るために、当時の巫女魂に日本側のオーガナイザーの問い合わせ先を紹介してもらいました。

私が沖縄の神んちゅで何をしていたかを、写真付きのプロフィールの手紙にして送りました。

そこで、日本側のオーガナイザーより、２００９年末アメリカのアリゾナ州セドナでグランマザー達のセレモニーが行われることを知りました。

私は、日本側のオーガナイザーに頼んでセドナに同行させてもらい、グランマザー達が行うセレモニーも見させていただきました。

人類、地球の逼迫した状態を、大いなる存在達は世界中の霊能者達に発信しました。（世界の長老会議、世界のグランマザー達を集める）

その後のマザー達の会議により、２０１０年10月に13人のグランマザーが、日本に来ることが決まりました。13人のグランマザーの来日時に行うセレモニーは、日本の母神達にとって大事な祈りの儀式になると思いました。

セドナで13人のグランマザーがセレモニーを行った、その翌年、

２０１０年１月12日　ハイチ地震　マグネチュード７・０

２０１０年２月27日　チリ地震　マグネチュード８・８

が起こります。

チリ地震においては、日本まで津波が到達しています。

私はこの地震を受け、グランマザーの来日前に、日本のプレートが動き出すという危機感に駆られました。当時の仲間内にこのままでは、日本の崩壊が早くなるので、その前に「北欧の神オーディンに会いに行かねばならない」と伝えるも、この意味が何を示しているのか、その

仲間内にも分からない状態でした。

私は、いても立ってもいられないほどの焦りを感じます。

龍宮・自然神と称する世界観では、北欧の海域を守っているものが、北欧神話にでてくるオーディンです。日本でいうところのワダツミ神（海神）と言えるでしょう。

北欧の海域には日本と繋がっているプレートがあります。

地質学上では何十年後、何百年後に起こることであっても、この様な神託啓示を受ける我々にとっては、今日、明日にも起こりそうに感じています（実際に今日、明日に起こるという意味ではなく、それほどの焦りを感じるという意味です）。

大惨事が起きた時、肉体の消滅はもちろん、人の魂や、大地の水・土・火・大気という命を育む自然界のシステムも崩壊し、海、大気の生命を創る循環さえ失われてしまいます。

それゆえ、新たに創りなおすためには生命の元である、四元素である水・土・火・大気が必要になります。私は、祈りや神事を行いながら、水や土を集めていく決心をします。

そして、そのことを当時の神事を共にしていた仲間内のユタ神さんや、霊的修行中の巫女魂達（まだ神々とやり取りは出来ない。神事も出来ない者）や知人達に伝える事にしました。

◇水と土

・北は北海道の宗谷岬
・東は納沙布岬
・南は沖縄諸島の波照間島
・西は与那国島（与那国島の海底には巨大な遺跡がある）

富士山や日本列島の主な聖地巡り、水・土を集めて行く事にしました。

その際、私は、私の事も沖縄のユタ神さんや修行中の巫女魂達や知人のことも、セレモニーに関わる日本のスタッフにはあまり表だって知らせることはせず、母神とよばれる意識体の者達と共に、集めた水・土を、13人のグランマザーが行うセレモニーに使っていただくことで、これから起こるであろう大惨事に向けて、１人でも多くの人の魂が救われると信じ、スポンサーも支援者もいない中、各々仕事を休み貯金を崩しながらも、秘かに祈りと神事を行いました（神託では厳しいことを伝えられていましたが、グランマザー達が来日できるようにと、神んちゅである私を含め聖地を巡り神事をしてきたユタ神さん、巫女魂達、知人達は、祈りや神事においても、公に出る事もせずに、２０１０年10月の大型台風がくるまでは裏側に徹してきました）。

そうこうしている間に、

２０１０年４月６日　スマトラ島沖地震　マグネチュード８・０

２０１０年４月14日　アイスランド　エイヤフィヤトラヨークトル火山噴火

が起こります。

予想通り、４月にアイスランドのエイヤフィヤトラヨークトル噴火がおきます。この噴火は、ヨーロッパで航空障害までおきています。

私はこの地震や火山噴火をうけ、この地震の群発に対して、壮大な啓示が降りる天天と共に大いなる存在達とのやり取り（交信）を行いました。

我々は、

「ハイチ地震、チリ地震、スマトラ島沖地震が起こった事」

「アイスランドの火山噴火が起こった事」

「13人のグランマザーがそれぞれに仕えている、生命を育む母神なるもの達が、先ずは来日され、生命を産む霊魂のセレモニーが先ではなかったか、その後に北欧の神オーディンの助力の予定だったはず」（グランマザー来日後にオーディン担当地域のアイスラ

ンドの火山の噴火が起きるはずだったのでは？　ということ）
「この様な、地震の群発、噴火は予想外です」
と訴えます。

大いなる存在達の返答は
「予想外でなく、予想内です」

「三年前から（２００７年～）グリーンランド・アイスランドの事は、伝えてきたし、時間をのばしたものが、縮めば加速するのはわかっているはずです。干渉はできぬとはいえ、意識の変換をおこたったのは、事実です。振り子を、落としたり、龍の卵をつぶしたりしても、ゆがんだ形で回り続けます。それの方が予測がつきにくくなります」

「地球の為に、他の星をつぶす穴を、作る事になります。わかっているのですか？」

「動くものは、温度とともに、静止します。見守るしかありません。オーディンは、一杯海に穴をあけ過ぎた」

この神託の意味は、

「地震の群発、アイスランドの噴火も、予想外ではなく想定内であった事。

２００７年から、北極圏のグリーンランド、アイスランドのプレートが動きだす事は伝えてきた。時を伸ばし続けることで、その分時間が早くなれば、このように地震噴火も加速するのは当たり前のこと。

重力を落としたり自然界の生命の種子が潰れたりしても、地球は歪んだ形で回転する。その方が、今後地球上における自然現象について、予測がつかなくなる。生命の回転、周波は、地球上の温度によって、回転が静止する。北極圏のプレート、海底は、歪みが沢山ある」

という事です。

日本は４つのプレートに挟まれていますので、世界中の地震・噴火の影響は必ずと言って良いほど受けると神託啓示は伝えています。

この様な神託啓示を受けながら水・土を集め、各聖地で祈り・自然への敬意と共に神事を行っていきました。

それにも関わらず、大いなる存在達から更なる神託啓示を言い渡されます。

「13人のグランマザーは、日本に入る事は難しい」と、私だけでなく仲間内の何名かにも同じ神託が降ります。

その神託を受け、私は「マザー達の中で我々と同じ様に地球の存亡・存続についてのメッセージを受けているものがいるはず、必ず日本に入るようにお願いしたい」と天天に大いなる存在達への通信をお願いし、我々はそれに向けて祈り神事を行います。

天天に降りた大いなる存在からの神託では

「人間にテレパシーというのがあれば、お前（著者／和美＝母神）の思いを聞く者が現れるだろう。予定よりも早く奄美大島に入り、どのようなことがあっても引き下がらずに、必ず生命の源と言われている、四大元素のアカシャの儀式、オノコロの儀式を必ず遂行し水鏡を創るように」

と厳しく言い渡されます。

次に日本のオーガナイザーより、火は兵庫県赤穂市の明王山普門寺に安置されている火を使うという話を聞きました。

普門寺の火は千年間燃え続ける護摩焚きの火と、広島原爆投下で焼け野原になった火が合わさったものとのことでした。

私に13人のグランマザーがいる事を教えてくれた、当時の私の元で霊的修行をしていた知人の巫女魂の一人に、早速、普門寺に出向き住職の藤本恵祐尼さんに私達のメッセージを伝え、又、本堂に安置されている御本尊の十一面千手千眼観音に「どうか、奄美のセレモニーにはこの火を使わせて頂きたい」と祈りを行いました（巫女魂は普門寺の恵祐尼さんを知っており、私を紹介してくれました）。

この普門寺の火について私に降りた神託では

「隕石が落ちた火（鉄隕石）を神の火と崇めた」

「その石を使い千年も護摩焚きをして火を守ってきた」

「広島の原爆の火をかけ合わせた」

奄美大島セレモニーにはこの様な火を使う事が必要でした（住職の恵祐尼さんは、霧島で行われたセレモニーに世界の13人のグランマザー達と参加なさっています）。

ちなみに、広島原爆の火を普門寺に持ってきた方達の中に岡野弘幹氏がいます。岡野氏とは、マヤ族13代目ドン・アレハンドロ大長老の関係で、知り合いになったマヤカレンダーを研究している秋山広宣氏を通じ、２０１９年にイギリスのグラントンベリーロックフェスイバルでお会いすることができました。彼は、音楽プロデューサー、音楽監督、作曲家、ミュージシャンで、世界の民族楽器を演奏していらっしゃいます。

また、岡野氏とは、その年の10月に秋山氏が大阪で主催した「銀河の音とギャラクテック・シャーマンの道」の講演会でご一緒し、岡野氏が奏でる音魂と共に神降りの儀式を行いました。

この儀式は打ち合わせなどなく、その場で私は神降りしながら、岡野氏はその神事を見ながらそれに合わせて、音魂を奏でるという、神々の音魂でもありました。

後に、ビデオを見させていただきましたが、自分でいうのもなんですが、鳥肌が立ってしまいました。

その時に、降りた大いなる存在が「ゲッテンキ、月神、ツキヨミ」といわれる、生命の根源を扱う神ということが、後に天天の神託で降りています。

神降りと音魂の祈りを見た人達は、まさに一期一会です。

第八章　奄美大島のセレモニー

第八章　奄美大島のセレモニー

10月（2010年）に入り、CSSの代表や13人のグランマザー達は無事来日することが出来ました。しかし、セレモニーが近づくとともに大型台風が発生します。

大いなる存在達からは

「これから未曽有な大惨事がおきる」

「命の源と言われる、四元素の水・火・土・風（大気）を創りなおす事」

「どのようなことがあっても、起きようとも、必ず魂の水晶盤である、水鏡を必ず創り上げる事」

再度、念を押すような神託が降ります。

私はこの大型台風発生と神託を受け、予約していた飛行機のチケットをキャンセルし、予定より早く奄美大島に行くことにしました。

予定の日程では、仲間内のユタ神さんや巫女魂、知人達も奄美大島に入ることになっていましたが、大型台風により、飛行機は飛ぶことも出来ず、共に日本全国をまわり神事を行った、神事が出来る仲間内のユタ神さんも修行中の巫女魂達も、誰一人として奄美大島に入ることは出来ませんでした。

大型台風により携帯などの通信機器も不通になり、連絡を取ることも出来ませんでした。

そこで、私はCSSのスタッフ、ボランティアの方、事前に奄美大島入っていた一部の参加者の方々、地元の方の協力を得て、水・土のオノコロの神事を海岸で行うことになりました。

グランマザー達が来られないまま、CSSのスタッフとボランティアの方々は、火を入れるドームをつくっていきます。

このドームには、海岸でオノコロの祈りを行った日本の東西南北・各地聖地の水・土をドームに練り込み、我々に降りている神々の言霊も込めてあります。

2010年10月　奄美大島において水・土のオノコロの神事

神託どおり、13人のグランマザー、ＣＳＳ本部関係者、招待客、参加者の方々は大型台風の影響で鹿児島に足止めになってしまいました。また、奄美大島に渡ることが出来ないのを受け、13人のグランマザーの一行は、鹿児島の霧島にてセレモニーを行うことが決定しました。

これを受け、奄美大島で待機していた関係者、一部のボランティアはそのまま奄美大島でも祈りも含めてセレモニーを行う決定をします。

私は、今まで日本においても公に表に出ることはしてきませんでしたが、奄美大島在住の知人でありセレモニー関係者の方の提案により、沖縄の神んちゅがいるので、神事をお願いしましょうとなりました。

しかし、ドームに点火する火がありません。普門寺の火はこのセレモニーには欠かせない、とても重要なものです。火に関しては船で運ばれることになっていましたが、台風の影響で港に停泊できたとしても道路は封鎖されており、火は会場には来られないだろうと思いました。

しかし、火のキーパーの女性から、幸いにも道路の一時封鎖が解かれ、火の依頼をうけた男性が車を飛ばして、セレモニーが行われる会場へ懐炉にいれた種火を届けるため向かっているという報告が入りました。私が事前に普門寺の恵祐尼に、この火が重要だと伝えていましたので、必ずこの火を私の元へ届けるようにと、火を託された男性に頼んでいたようです。

この知らせを受け、私は大いなる存在達、大神達、神々の強い意志を感じ、原始原初の神降ろしの儀式が出来ることに体中が震えました。

これが大いなる存在達に言われていた、「どのような事が起きようとも、引き下がらずに、必ず四元素の祈り、水鏡を創る事」なのかと改めて身が引き締まる思いでした。


13人のグランマザーがいる霧島の会場では、集めた水が見当たらないと奄美大島のボランティアに連絡が入ります。

私は、海でオノコロの水・土の儀式をした水と土を、霧島に向かう方に託すことにました。

前々からグランマザー達に水と土をセレモニーで使っていただきたいという旨を伝えながら、当時の仲間内のユタ神、巫女魂達・地方の知人達の手助けを受けつつ、日本各地に出向いていましたが、これで本当に水と土をグランマザーに手渡すことが出来ました。

奄美大島セレモニーは、霧島にいる13人のグランマザーと同時に行われる事になりました。

奄美大島では私をはじめ、奄美大島の神んちゅ、奄美舞いをされる舞踊家の先生と一緒にテイピと呼ばれるテントの中にはいり、火を熾《おこ》す儀式を行いました。

その時に降りたのは、タカムスノビカミ、ハラモチのハハガミ、ウブスナノカミという、当時の私は不見識にも聞いたこともない神々でした。そして、4元素の神儀式を始めました。

ボランティアの火のキーパー達、一部の参加者たちはティピの外にいて、それを見守っていました。


火のセレモニーが終わり、会場ではお話会、踊り、歌が披露されました。

火の番をしているボランティアが、代わる代わる火を見守っていきます。

台風が去った後、飛行機も飛ぶことが出来、霧島から訪れる方もいました。こちら側にいた参加者も霧島に出向きます。

セレモニーでは7日間火を焚き、祈りを行いましたが、4日目に入り再度台風が接近してきました。このままではドームの火が消える恐れがあり、火の番人のボランティアは、ティピの

ティピの中で行われた、火を熾す儀式

ドームの火をカンテラに分け火し、別の場所に移す事にしました。

7日目の最終日は、カンテラがある部屋にて私が一人で祈りを行うので、その時間は誰も部屋に入れないようにとボランティアに告げ、部屋で祈りを捧げました。

その時の神ガミとのやり取りでは

「このままではプルトニウムが起きる。発生する」

「そうなれば、地球上の生物が育たない」

と押し問答の体でした。

『当時、私はプルトニウムの意味が分からず、後で自宅に戻ってから知人にプルトニウムについて聞きました。そこで、プルトニウムとは、かつては完全に人工元素として考えられていた物質で、現在では自然界においてもウラン鉱石中にわずかに含まれていることが知られる、超ウラン元素、放射性元素であることを知りました』

ようやく、全てのセレモニーが終わりました。

ティピを取り外すとドームに水がたまっていました。

人が分かるように、目で見える形で、「水鏡」ができたのです。

この様な儀式を行うには、

・日本列島の東西南北の地域、富士、主な聖地の水・土を使う事
・神の火を使う事（隕石の石を使い千年間護摩焚きされた火と広島の原爆の焼け野原の火が合わさった物）
・大気が押し寄せる事（あの大型台風と言えるでしょう）
・人の無心の魂・慈悲心（セレモニーに参加する人々の心）

が必要になります。

この様な神事は人の叡智を超えた出来事になります。

水鏡は、水・土の祈りを行い、水と土を合わせた中に神の火を入れ、新しい魂の種を創るものとなります。

溜まった水が水鏡のように輝く様子

「水・土・火・風・人の魂」元素の創りなおしです。
この様な儀式は、私の一生の内、何度も出来る神儀式ではありません。
以上が、奄美大島セレモニー・神事での出来事になります。

❖❖❖❖❖❖❖❖❖❖❖❖❖❖❖❖❖❖❖❖❖❖❖❖❖❖❖❖❖❖

私は２０１７年にイギリス人が発足したウィズダム・キーパーズの一員になりました。ＣＳＳ代表者のジョディさんもウィズダム・キーパーズの一員で２０１７年、２０１９年、水の儀式など、アメリカ、イギリスで一緒に行いました。

ウィズダム・キーパーズの皆さんと（2019年イギリス）

第九章

普門寺の十一面千手千眼観音とのやり取り

第九章　普門寺の十一面千手千眼観音とのやり取り

奄美大島のセレモニーを終えた翌月の11月16日、普門寺に安置している火の分け火を届けていただいた、普門寺の住職を務められている恵祐尼さんに挨拶しました。

そして、私に普門寺恵祐尼さんを紹介してくれた巫女魂の家族と恵祐尼本人を前にし、セレモニー・神事の出来事を十一面千手千眼観音に報告しました。

神具を一つひとつ並べながら、大神とたまわる意識体と十一面千手千眼観音とのやりとりが始まりました。

神事を行うにあたり、集めた水と土と神事内容の報告を行います。

・水と土は

北は北海道の宗谷岬と利尻島

東は北海道の納沙布岬

南は沖縄の波照間島

西は沖縄の与那国島

その他に富士の忍野八海、東京の周辺、福島の大熊町、島根の出雲周辺、四国、淡路島、熊本、八丈島、等々、主な聖地をめぐり水と土を集めた事。
・火は千年以上ゴマ炊きの火と、広島原爆の火をあわせた普門寺にある火を使った事
・風は台風で巻き起こった風であった事

13人のグランマザーが来られない中、その時に降りた神と称する者達が、奄美大島の儀式で作った物（水・土・灰（墨））を、一つひとつケースに入れ、涙がこぼれるのを抑えながら報告していきます（今でも神々がどんな思いで行ったかを、一人の神んちゅ・人としてテープを聞くと涙が流れてしまいます）。

２０１０年11月16日　普門寺にて名もなき神の神託啓示（解釈文）

「人間の言動・行動・精神と、それに宿る神の子達においても、神々の争いの平定をしなくては、人間の世界の創り直しはできない。人々が住む世界の創り直しをするにしても、人の心はあまりにも深い悲しみと、苦しみがある。我々は、大いなる存在の神託を退けた」

「しかし、駿河湾沖のはるか先にあるものが動くと、人に宿る霊魂は朽ちていくと伝えた。人間肉体に宿る神々の霊体も薄くなっている、そうなれば、人間や万物の霊魂・勾玉を創る事は出来ない（駿河トラフが動きだす。四つのプレート活動が始まる）」

「我々は人の身体、霊魂が、この世の中に存在出来ないことを知り、それを分かったうえで、人の世界観の創り直し、建て替えをせよと伝えられた。そして自然界の神々の腹より生まれる命の種子を、慈しみ育てることもなかなか、人も、人々も、神の子達も出来ないでいる」

「万物を産む者達が、神々の言葉が、人、人間同士が次に進むことができずに苦しんでいる。そのために、火と水をもって、大地創りかえを、母神達と共に奄美大島で神事をさせていただきました」

「この神事により大地の一つ。大地から生まれる芽が産まれました」

「火と共に、灰の中から産まれることが出来ました」

「それによって、人の子の水鏡一つ（魂の水晶盤）」

「人を産む干潟が一つ」

「その命をこの地に産むもの一つ」

「それらによって、次の種（命の種）となるものもやっと一つ産まれました。神々や、人間が引き裂かれようが、海が二つどころか、四つ、五つと沢山、割れようが、この命の種を創らなければ、人の生命も、万物も大陸と言われている地球も、一つになることは出来ません」

「奄美では、次の子達（霊魂と生命）が産まれました。そういう儀式をしなくては次の人類は持ちません」


「奄美で行った火は、生命を産む新しい火になります。今までの古い生命の火でなく、未来種の霊魂は、何もない状態で産むことで、人間も、生物も万物と言われるこの星（地球）も救われます」

「次の者達、人にも、神の子にも、今後一切恩賞をあたえないで頂きたい。恩賞を与えてしまったら、また、多くの人々は同じ過ち（土地を奪い権力にしがみつく）を繰り返してしまう。そうやって、神の子達も己の欲にまみれ、道を外し崩れてしまいました（宗教、政治等によって人々を誤った方向に導いてしまう）」

「本来の神々は人々でありますす（人のＤＮＡや人に宿る魂）人がいて、神々が産まれます。人という人間があり、万物が生まれ、生物があって、銀河もこの地球も救われます。

それに関しては、一切譲る事は出来ません」

と、チヂと言われる私の中にいる母神達、大神達の報告と共にこちらの心境を訴えました。

2010年11月16日　普門寺にて十一面千手千眼観音（以下では「観音」とします）と名もなき神のやり取り（解釈文）

観音　「三つの魂をどうするつもりだ」

「神という存在が変わるということは、今の人間の肉体も、霊魂も変わること

ぞ（ゲノムや輪廻転生を繰り返す魂）」

「梵天（天部＝天界）動かしたか」

「天から遣わされた、火がある事を知っていたのか」

「オリオンの石（隕石）の火と、ウラン鉱石の火をかけ合わせた火を、お前が

そうやって元素の創りなおしを行うとは」

名もなき神　「創り、産み、変える、者が現れるまで、火・水・土・大気の元素を守ってい

たはずです。これまでのおろち（自然神・竜蛇神）の者達は、それを守り続け

ることが出来ず、火を吐き続け、水を、生命を、産む水に変える事が出来なかったため、人型も大地も崩れていったのです」

「人は変わろうとしています。万物全ての、水、火だけで万物は産まれません。この意味を、人の子に、神の子に教え、伝えて頂けませんか」

観音

「人の種、生命体といわれるものが、変わっていく」

「放射線に気をつけなさい」

「海が煮えたぎってくる」

「空が赤くなる」

「森林が黄色くなる」

「大地が、白くなる」

「人の細胞が変わる」

「万物と言われるものも、核が変わっていく」

「するり合わせるものがある。草のみをわけてでも探しだせ。スイスに行きなさい、そこにある」

「この日本と言う国は、次の神に……なる国であったが、はたしてこの国は、そうなるであろうか?・」

「人も、神の子も、本来の役目がありながら、それを見ることも出来ず、あまりにも心も精神も霊的資質も曇っている」

「日出る国というのは、生命の循環を保ち、生命が産まれて来るはずなのに、命を産ます事も出来ないようでは、輪廻転生もできず、生命を産み育む神国にはならん」

「大事生命の循環を伝える者達が、火の底、水の底に、かき消えてしまった。神々を起こす役目の者達も、おのが私欲に囚われ、神起こしを出来ぬ者達が多くいる」

観音

「自然や万物の創る泉に、火や水を移し、人の陽(ひ)に種を植え、泉に人の形をおとし、新しき門を開け、鈴を鳴らし、炎が立つ湖の門を開け、ひ・お・ろ・みの中をみて、水に浮かぶのは、春の風に乗せるように、人の形を創り、創り、人の『藻』咲かせ、幾年も、幾万年も、続けよ。火を使い、水の藻によって、大地を洗い清め、再生し、人も洗い清め、末世の世界が変わり、おきな(精霊)にかわって、詩の言霊を白黒の様に使い、天の火・陽をもち、地に命をはやすようにしなさい」
※この部分は、十一面千手千眼観音の音霊（歌を奏でる様に降り来る言霊）です。

この神託は、人間の世界観の物質社会ではなく、霊的世界・神々と言われる世界観において、大神、母神や大いなる存在と言われる意識体達のやり取りのほんの一部になります。

「出国る（いづるくに）というのは、世界各地の聖地・神々が住む場所にあるけれど、それらを扱う者達があまりにも霊的にも、神の意（霊魂・勾玉）も汚れきっている。そのために、何千年、何万年、何億年とかけて、次の未来のために今は名もなき原始の神々が起き上がる必要に迫られ、全てを作り変えることになっている。大いなる存在達の意識体より伝えられ、これらの役目をする者達が、目覚め始めたこと。また、創り直しは我々の存在たちも、変わり、この地球上から去ること」も示唆しています。

普門寺の十一面千手千眼観音の神託啓示のやり取りは一部を抜粋して載せましたが、神託啓示を扱う者達、霊能力があっても、神んちゅと言われても、私達は神ではありません。私達、我々は、王冠をかぶることもなく、名誉も得ず、栄華も得ず、欲もなく我もなく、あくまでも、神の依り代となり神事を行い神々と称する者の神託啓示を伝えるのみです。

私達が住む人間の世界、人が人という命の種を育むことが出来なくなった世界。神の子達においても神と共に歩むことをせず、精霊も消えゆくものも多くなりました。それによって、水の再生や命の種を創ること、天の火を使うことになってしまいました。

母神達や創造主達、ヤマトのオオミカミ（大神達）は、宇宙神と呼ばれる千手観音達にとって、私達人間や万物はどのように映っていたのでしょうか。

奄美大島の神事は自分の肉体的寿命、霊的寿命を使って行いました。

私にとっては自分の寿命を再度削ったとしても、同じような神事が出来ないほど、大変重要な神託啓示が沢山含まれています。

それでも、翌年の２０１１年3月11日に東北地方太平洋沖地震が発生してしまいました。

現実にこの大惨事を見て、私から今まで壮大な神

普門寺の十一面千手千眼観音

託啓示を聞いていた当時の仲間内の沖縄のユタ神さん、霊的修行していた巫女魂と呼んでいる者達、友人は、私が沖縄の伝統的な神んちゅとは違うことを改めて知ったようです。

この時の神託では、生命を産む母神・アカシャ達にとっても嘆くほどの事柄が、これから日本だけでなく、世界中で始まることを示唆し、人々に伝えても、人は自分の事とは思わずに過ごしていることに嘆き、自然界が崩れることを伝えても、他人事として捉えてしまうことに更に嘆き悲しんでいます。

そして、人間の物質界、自然界が如何とすることも出来ない状態で、全て様変わりが始まること、新たに創りなおし建て替えが始まったことを伝えています。

その場合、人が住む大地はどのようになるか、自ずと分かるはずですが、思念、想念が薄れていく人間の思考では、現実に起きる出来事を目にしても、果たしてどれだけの人々が気づくでしょう。

それから、奄美大島のセレモニーの報告を十一面千手千眼観音にした際に、十一面千手千眼観音は「スイスに行きなさい」と神託で伝えてきましたが、当時はスイスに行くことについて、マッターホルンに登れと言っているのか、アトランティスの末裔の者達を探せと言っているのか、分かりませんでした。

ところが、この神託を受けた一カ月後に沖縄に住むスペイン系アメリカ人の知人から、スイスとフランスの国境にセルン研究所があると、何気なく聞かされました。

私はそれを聞き、スイスに行くのは、セルンで研究を行っている素粒子のことだと思いました。

スイスに関しては、すぐに行くことは出来ませんでした。これは、神々の意図、ルートというものが必要になります。スイスに行くストーリーは、長くなるので、詳しい事は省きます。

２０１１年12月13日に、スイスのジュネーブ・セルン研究所より、神の粒子と言われるヒッグス粒子の発見がニュースで発表されました。この発表の内容と神々の意思によって、私は２０１２年または２０１３年にスイスに行くことになるであろうと、天天やユタ神さん、巫女魂達や友人に伝えました。


そして、２０１２年5月にホピ族の知人が、スイスで小さな田舎で行われるセレモニーに参加するという話がありました。

私は、スイスに行く神託があったことを伝えます。ホピ族の知人は早速、スイスにいる方に連絡をとりました。そして、私はホピ族の若いシャーマンと共にスイスに行くことができました。また、当時、沖縄の巫女魂さんにスイス在住のSさんを紹介していただきました。

Sさんのお世話で、セルン研究所も見学する事もでき、その研究所の公園のような場所で祈りをすることもできました。そして二度目もSさんのお世話で、今度はセルン研究所内を一般人の見学ができる日に行くことが出来ました。

ちなみに、最初に私を招いてくださった、スイス在住のギリシャ人の女性とは今でも神託啓示のやり取りをしており、彼女が行ったアルプスの山々が見える麓でのセレモニーのために三度ほどスイスに行きました。

私が今まで知り合った外国人のなかで、唯一、弟子にして神々の世界やメッセージを降ろす内容について、神々とのやり取り等、教え込みたいと思っている一人です。

2012年セルン研究所公園内

第十章

2011年3月11日
東北地方太平洋沖地震

第十章　2011年3月11日東北地方太平洋沖地震

自宅にて、うたた寝をしていると…

耳元で、「姉様、そろそろ起きてください。始まります」

「姉様いよいよ始まります」と聞こえました。

それに対し、「まだだ。まだだ。始まった時に起きることにする」と答えている自分がいました。

そして、大いなる存在達の意識が交わしている内容に、寝ているにも関わらず気分が高揚していくのを感じていました。

そして、「姉様、ついに始まりました」と言われた瞬間、自宅が大きく揺れました。

急いでテレビをつけ、あの東北地方太平洋沖地震による、東日本大震災がテレビで映し出され危惧していたことの一つが始まりました。

急いで電話で沖縄のユタ神さん巫女魂達、友人知人に電話をかけ、直ぐにテレビをつけるようにと連絡を入れ、次に、ＰＣに向かい13人のグランマザーのメーリングリストでつながっている方々に、巨大地震が始まったことを伝えました。

更に、一番恐れていた福島原発事故が発生した映像を見ることとなりました。福島県の大熊町にいる友人に電話をかけ、とにかく直ぐにそこから、逃げるように、東京の知人にも、出来るだけ関東から離れるように伝えました。

この巨大地震と福島原発の映像を見るに、奄美大島のセレモニーを終えた時のプルトニウムの発生の神託と、普門寺の十一面千手千眼観音からの

放射線に気をつけなさい。
海が煮えたぎってくる。
空が赤くなる。
森林が黄色くなる。
大地が白くなる。
人の細胞が変わる。

という、神託啓示を思い浮かべました。

２０１１年３月14日　神議

震災の三日後に、仲間内の天天始め、避難してきた友人夫婦と巫女魂１人と、六時間余り神議を行いました。その時の神議（一部抜粋）をお伝えします。

天天は、「東北太平洋沖の地形が下方に数百メートル動いてしまっている」と、神託とビジョンを伝えてきました。

私は、「日本列島の中心地はどこだ？　探せ」と、別の巫女魂に促しました。

その巫女魂は、「日本の中心地はいままでは赤城山でしたが、日本列島のねじれで中心がずれた」「富士の噴火も早まる」と答えています。

※後に縄文文化を研究している方より、古代は赤城が日本列島中心地と教えていただきました。

南海、東南海と、富士が一緒に動いたら、日本の人口は何％残るのかを、巫女魂に神託を降ろしてもらうと、

「〇〇％」（何パーセントであるかは明記しません）と伝えてきました。

次に東南海地震、富士の噴火、東京直下地震が同時に発生した場合日本の人口は何％残るかと、再度神託を降ろしてもらいます。

巫女魂は「○○％」と伝えてきました。
私はそれを聞き、「富士は5強まで」（翌日富士宮市で地震あり）とやり取りを行いました。
そして、天天には「風を扱う弁天に福島原発事故の放射線物質を、内陸から太平洋側に風を回す様に流す様に」と霊的指示を行いました。

「日本列島のプレートのねじれと、福島原発事故の発生、南海地震、東南海地震へ移行し、関東まで巨大地震に見舞われたら、日本列島の人々の肉体の命は勿論、人に宿るべき魂と言われるものも、産まれてくることは出来ない」と「本震は人々が落ち着くまで待っていただきたい」と神々の緊迫するやり取りが延々とつづきました。

この後の始末について話し合う神議を行うも、３１１の巨大地震を受けて、大いなる存在達からは、龍宮神、大神達にむかって、怒りともとれる神託が降りています。

皆さんがご存じの通り、福島原発事故は今も続いており、今も故郷に戻ることが出来ずにいる方は大勢います。

そして、我々には３１１後も、日本列島に関する神託啓示は休むことなく、日本列島の本震に続く巨大な地震発生を伝えられています。

その後、私は２０１１年４月３日の読売新聞の記事で、この時の津波が気仙沼の海底を最大10メートル削ったという調査結果があることを知りました。

また、２０１２年７月23日の東京新聞の記事では「近い将来に予想される東海地震で、駿河湾でこれまで震源域と思われていなかったプレート境界付近で、津波を巨大化させる恐れのあるひずみが蓄積されている可能性があることを、名古屋大と東海大海洋研究所（静岡市）のグループが突き止めた」とありました。

我々のやり取りの中に、「駿河の沖に、おき…」という神託があります。

駿河湾の沖をさらに進むと、伊豆・小笠原諸島・マリアナ島弧があります。

この「駿河湾の沖に、おき」、つまり、地殻変動を学者はどのように伝えてくるのでしょうか？　先住民族の一部のシャーマン達は現地球の生物が生存・維持できない、タイムアウトとなったら、二度と元の地球に戻す事は出来ない、サイクルに入ると伝えています（これは、２０１３年にブログに書いた時のものです）。

そして、この話は第十二章に繋がっていくのです。

第十一章　沖縄の地震

第十一章　沖縄の地震

沖縄は、海の透明度の高さと澄み渡った空気、南国独特の雰囲気もあり、それらを求めて観光客が絶えません。沖縄には、地震がないと思われているようですが、実は1771年4月24日八重山列島近海を震源として発生した、通称「明和の大津波」と言われる地震が発生しています。当時の八重山諸島での明和の大津波による被害状況は、全人口（2万8992人）のうち9313人が死亡し、群島人口の32・1％を失いました（宮古は2548人が死亡という記述が残っています）。

我々の神託啓示には、今後沖縄でも地震が起きるというものがあります。

過去の地震に関する啓示には、2008年5月12日に、中華人民共和国中西部の四川省でおきた地震に関するものがあります。

これらを私や主に天天の神託啓示の一部解釈し公開しました。また、講演会も行いました。同じく、以下から続く神託啓示は主に私と天天の神託啓示を、時系列順に記しています。

今後の沖縄の地震に関する神託原文

①２００８年（日付不明）　天天の神託啓示

「ヨナハという言霊を聞くと、女性神を背後にし、太陽が上がってくるのが見える」

「生命において、母、父を取るかは、困難ですが融合することで、命の選択はかわっていく。生命の道は三つに分かれ、今まで選択したことが無い事が未来に起きる」

「『もの』というものは、なくなる、無くなるという意味であり、それは、肉体でもあり、肉体に宿るもの人の『魂』と言われるものでもある。人間の自分自身で作れる『もの』ではない」

「万座毛、チービカウタキにあるように、ウタキ（御嶽）と呼ばれる拝所の、各ウタキには、与那国島のヨロンの遺跡にあるように、石板に書かれているカタカムナの伝承の場所である」
※カタカムナ…古代琉球では琉球文字といわれる神代文字の様な物がありました。特に与那国島にはカイダ文字と言われるものがあります。
※沖縄の海底遺跡…与那国島は海底遺跡で有名になりましたが、神託にあるように昔の神んちゅ達から伝えられている、万座毛、北谷、辺士名、サンゴ礁のリーフの海底奥深くにあるものも遺跡の残骸だと言われてます。

②２００８年５月12日　天天の神託啓示

「中国の近海島の側の、かほく（河北／華北）とかなん（河南／華南）に沿っているプレートの沈み込む先が、沖縄の津堅島にかかっている。四川省の地震をかわきりに、沈みこんだ先を安定させるために、プレートの先が動く、その腹が連動する様に腹である沖縄が動く。この先を動かさずに、また、地を沈めぬようにするために、女の竜の代替えが必要となるであろう」

津堅島は、沖縄の聖地で有名な久高島と対になる島で、岩礁と砂浜が混じる島です。

③２００８年（日付不明）　天天の神託啓示

「浅瀬の海中の海の中から、のっぺりしたウナギのような顔をしたものより、沖縄が揺れる」

これに関しては、北谷の海底と有珠山の様子を見ることが必要になります。

※２００８年８月９日に沖縄近海で地震がありました。

④２０１０年（日付不明）

「琉球を台湾から結びをほどき、ルソン（現在のフィリピン）に繋げる」

台湾と琉球海溝の磁場を変えて、沖縄トラフ・プレートをフィリピンプレートに繋げる意味です。

※２０１０年９月３日の日本経済新聞にて、「沖縄本島南部の沖合にある久高島の近くの海面に、直径約５・５キロもの大きな渦が浮かび上がる珍しい現象」が写真付きで掲載されています。

⑤２０１２年２月16日　巫女魂の神託啓示

「われる、われる。鬼がみえる」

この神託を読んだ天天に啓示が降りました。

「かりゆしがわれる」

※かりゆし…沖縄では『めでたい』とか、『自然の調和』の縁起物として使われる言葉になります。由来は「軽石」から来ており、軽石は水の中でも沈まないことから、船出の安善祈願する言葉として使われていいます。

⑥２０１２年４月15日（アフリカ大地溝帯にて）

「神々の崩壊がはじまり。揚子江の河の氾濫が始まる」

神々の崩壊は、世界中の宗教に関する争いと、人間社会の争いを示唆し、揚子江の氾濫は、中国の問題がこれから、浮上してくることを示唆しています。

⑦２０１６年12月12日　天天の神託啓示

「龍宮と言われる海底が動く」

「津堅島の海底で地滑りがはじまり」

「これで、カリユシも終わり、神の繋ぎも終わるから九塞溝に戻るか」

※２０１７年８月８日中国の九塞溝で地震が起きました。

⑧２０１８年10月24日　与那国島にて

「揚子江に移り変わりゆくものあり」

⑨２０１８年10月29日

琉球海溝開き！　目が生まれた。目が出てきた（海底が開いたところに赤い目が見える）。

「龍の目かぁ…ドラゴン」と聞こえる。

⑩２０２０年1月15日　天天の神託啓示

「人々が泣き叫ぶ・・血みどろに逃げ回り、泣きさけんでる!!

揚子江の氾濫をもう少しみますか？　いや、これ以上待てんでなぁ…」


以上が沖縄の地震と霊的存在に関する神託啓示の一部になります。

これ以降は、これまで書いた神託啓示と照らし合わせて、研究機関、新聞記事などから調べたものです。特に、啓示⑨の琉球海溝と龍の目、ドラゴン、啓示⑥⑧⑩にある揚子江については、揚子江のプレートと、沖縄、アムールプレートの関係を見ていきたいと思います。
※ネットの地図などで、揚子江プレート、アムールプレートを検索して照らし合わせてみてください

まず、沖縄の地理的な要素を整理します。

沖縄の地層は南北によって違います。面積の約3分の1は、サンゴ礁からなる琉球石灰岩層で出来ています。南部は約５００～６００万年前の若い地層で、那覇から中南部は標高が低く、ゆるやかな丘陵地です。半島中央部から続く北部は3億年～５０００万年の古い地層による山岳地帯になっています。

（参考：つくばサイエンスニュース12月6日　http://www.tsukuba-sci.com/?p=5546）

我々の神託・ビジョンの中には、大地が引き裂かれるというものがあります。地図を調べてみると、断層にはトランスフォーム断層という種類の断層がある事がわかりました。トランスフォーム断層とは「地球表面を覆うプレート同士が横ずれしてすれちがう境界」だそうです（ブリタニカ国際大百科事典　小項目事典参照）。また、地図を見るとアムールプレートの下に、揚子江プレートがある事が分かりました。

１９７６年には、港湾都市である、唐山市にマグニチュード７・５の地震がありました。啓示にあるように、地図で中国大陸から沖縄をみると、東シナ海をはさんで、丁度沖縄の位置が腹の所に見えます。では龍の巣屈・龍宮の島国と言われている沖縄にも啓示にある様に、地震、津波は来るのでしょうか。我々に降りた神託啓示と、沖縄の地層資質、中国のプレート、沖縄の地震関係のニュースから、沖縄にも地震が来る可能性が高いことが分かってきました。

例えば、２０１８年8月2日の沖縄タイムスの記事には「巨大地震、沖縄でも可能性　本島南沖にプレート間『固着域』　琉大など発見」（https://www.okinawatimes.co.jp/articles/-/292647）、２０１９年12月16日の沖縄タイムスの記事には「普天間飛行場も陥没？・沖縄でＭ９・７の大地震の恐れ、専門家が指摘」（https://www.okinawatimes.co.jp/articles/-/510853）とあります。

産業総合技術研究所のホームページでは、２０１８年12月6日の研究報告の記事（https://www.aist.go.jp/aist_j/press_release/pr2018/pr20181206/pr20181206.html）で、『沖縄の海域では熱水鉱床などの資源に富む一方、プレートの沈み込みによって発生する地震・津波や、海底火山による噴火といった地質災害リスクが高い地域でもある』と述べています。

新しいものだと、２０２０年2月23日の琉球新報でも（https://ryukyushimpo.jp/news/entry-1078896.html）「辺野古「活断層」断定へ　専門家ら28日から現地調査」と活断層の存在に言及しています。

これらによって、私は神託啓示から伝えられた古代の琉球列島における、地殻変動を学術的見地からも知ることが出来ました。神託啓示の内容にもよりますが、黄泉と言われる河や境目、龍の背骨は断層やプレートを意味する事もあります。

古の大先輩の神んちゅの方々は

「沖縄は7回沈んで7回起きた」という神託を受けています。

これは、大地・海底の浮き沈みの事を伝えているものです。

神託にある遺跡、神殿、カタカムナ文字についても、古代の琉球列島は陸続きであり文明を持った地域だった可能性があり、例えばムー大陸や、沖縄のニライカナイ信仰もこれらに付随しているものでしょう。

海底の赤い目、龍の目、そしてドラゴンという神託とビジョンにおいて、ドラゴンは火を意味します。海底の火山の火の通り道になるでしょう。

そして、何度も揚子江に関すること、フィリピンプレートも神託が出ている以上、沖縄トラフ、琉球海溝に沿っている沖縄も勿論ですが、九州・台湾も影響を及ぼすことがわかります。

近未来、このプレート活動により、琉球海溝にトランスフォーム断層が出来、海底火山の噴火が発生して、明和の大津波以上の巨大地震が起こることは否めません。

また、アムールプレート、揚子江プレート、日本の南海トラフにおいて、どちらが先であろうと連動することも否めません。

第十二章　日本の地震　天災の神託啓示

第十二章　日本の地震　天災の神託啓示

結論から言うと、日本は２０１１年3月11日に発生した東北地方太平洋沖地震と同様の、いえ、それ以上の巨大地震が起きうることは否めません。

今後沖縄も含めて日本列島はプレートが分断する時期に入りました。

東京も直下型地震が起きてきます。

２０１１年３月11日の東北地方太平洋沖地震、福島における出来事を示唆した啓示もあります。これらは、日本のプレート、トラフ、海溝、自然神の龍宮・龍王と呼ばれる精霊達との関係性を神託啓示と言う形で、我々に伝えています。

2011年東北地方太平洋沖地震前の神託啓示

※神託啓示は時系列順に載せています。

２００８年（日付不明）　天天の神託啓示

「福島の安達太良山と磐梯山の火山の動きを止めたのは誰だ」

２００８年１月　天天の神託啓示

「大波が来る」

「岩手を通ったときに先触れとする」

※２００８年６月14日頃に岩手県内陸南部でマグニチュード７・２の地震が発生しました。

２００８年（日付不明）　天天の神託啓示

「福島は動きます」

２００９年８月６日　天天の神託啓示

「玉手箱を開くとき。本当に玉手箱を開くのか。玉手箱開くときなれば、ククルカーンの地も揺れる。（マヤ、インカの創造主。メキシコ・中南米地域）」

「父島から青島（チンタオ）をぬけて、サマルカンドまでつなぎ、グリーンランドから、北極をぬけ太平洋を、縦に割る」

ネットなどで、北欧から見た地図を検索していただければ分るかと思います。

２００９年９月９日　天天の神託啓示

「竜の爪が弱っている。（竜の玉がないから。場所＝東北の太平洋側）」

「東日本沖の龍の珠が弱っている、琉球龍宮の龍の応援が必要」

これは東北沖の地盤・磁力が弱まっている言う事になります。

何故沖縄の龍が必要？　日本側のプレートと、沖縄側のフィリピンプレートの相互関係からです。

２０１０年９月16日　天天の神託啓示

「ユーラシア大陸のプレート上において中国大陸の天山山脈と富士は重なるこのプレートの活動において、千葉は沈む。沈ませる必要がある」

２０１０年11月16日（普門寺千手千眼観音やり取り一部抜粋）

「人の子も神の子と言われる者達を創りなおせと伝えられ、その神託を身を挺してでも退けようとした。しかし、『駿河の沖が割れれば』、日本に住む人の魂も、神の子をつくる母神達も消えてくことを知った。神がいなくなりつつある、そうなると人という人間も、生命を作ることができなくなる」

2018年までの神託啓示及び関連した新聞記事等

2011年3月22日　天天の神託啓示

「首をささぐとな。それぐらいで、収拾がつくと思うのか。重ね重ね、バカ者共め。ヌビア神とオシナベ神はどうしているか」

「気仙沼では、あるまじき事が起こり、竜宮が1つ焼けた。げに、あるまじき事なり」

「これが事実ならば、もののべ、が必要となる。」

と、大変激高した神託が降りてきます。

この意味は、「我々の霊的存在達の首をかけて、詫びてもこの大災害における日本列島の収拾がつかないこと。首をかけると言う事自体、バカげたことである。逆にたしなめられる。生命の循環をになっている者達はどうしている。気仙沼の海底は生物多様性の一つであった。龍宮がやけることとは、生物及び生命の輪廻が行われる所が消えた。これは、大変な出来事になる。もののべる（物部）者達が伝える必要がある」ということです（もののべる者=世の中に起きたことを広く伝える者、祭祀・霊能者をいう）。

これは、311が起きたことへの、大いなる存在と言われる者達から、オオヤマトのオオミカミ（日本列島の大神）と言われる者達への厳しい神託を示唆しています。今後における日本列島、巨大地震の引き金の一つなった事も示唆しています。

2011年4月　私と天天のやりとり

「砂塵の嵐吹くーフォッサマグナが割れる。人々亡くなり富士の山崩れる」

「各地にいる氏神達がこれから消えて行く」

2012年（日付不明）　巫女魂Mの神託啓示

「駿河の沖で起こる事を一早くキャッチしなさい」

2012年10月14日（奈良県某所）

「日本国という国はこれから衰退とともに海の底に消えて行く」

「沖縄・琉球列島の海底が起き上がってくる」

「海底の奥底が浮上するにあたり、沖縄も含めて日本列島は揺れる巨大地震が起こる」

「現在の太陽の東から西に向かう計算上の暦が変わる」

「十二支の意味合いも変わってくる」

「天地という自然界が変わる事で、人間の肉体や精神性が崩れる」

この意味は、「日本の氏神・大神の意識体達に大いなる存在達より、駿河トラフが割れる現象ゲノム崩壊、霊的魂が無い者達が大勢出てくる。日本人達は知ることとなると伝えている」ということです。

２０１２年７月23日　東京新聞

駿河湾沖わずか10キロにある駿河トラフにおいて、地震の原因となる「ひずみ」が発見されたことが報道されました。

２０１２年４月15日　アフリカ・ケニア大地溝帯（一部抜粋）

「富士の噴火…始まる事を止めてはならない」

「揚子江の河の氾濫が始まる」

２０１３年（日付不明）　天天の神託啓示

「オオヤマト（大神）へ、駿河湾の沖の海底から富士に向って地割れが起きる。高野山の氏神達に伝える事」

２０１３年２月15日　天天の神託啓示

「日本列島が揺れているビジョン」

「日本全体のプレート活動期にはいる」

「大波がくるぞと聴こえる」

２０１４年３月14日　天天の神託啓示

「極が動いた今、磁場はみだれ、維持することもはなはだ難しい。いってしまわれた、猪苗代湖の婆さまは、こうもうされた」

２０１４年５月６日　天天の神託啓示

「とめや、うたえや阿武隈川。とめや、うたえや阿武隈川」

２０１５年２月３日　天天の神託啓示

「トカラ（トカラ列島）は、３層に落ちましたか？　ここは、霊道だったのです。ヒトに落ちたのなら、使えませんから」

２０１５年６月２日　天天の神託啓示

「阿武隈川のゴジン死に絶えましたなぁ」

２０１６年10月24日　島根

「駿河の、沖におき、割れることあり。よって、日出る国に、みがたま、つくること、あいならじである。いざなみの、かなしみが、このちに、うずもれ、さんがの、おきにおき、この、かすがの、山体（やまたい）のものどもと、ともに、かわりゆく。よって、さくらをちらし、この、いずみわくことあり。天津（あまつ）の、ものどもとともに、国津（くにつ）の、ものどものも、きえゆきて駿河の沖が割れれば、この、日ノ本は持たぬ」

この神託啓示は、相当厳しい内容です。この神託を詳しく説明すると、「駿河湾の沖が割れれば（海底の亀裂）、この日本は持たん。スサノウ崩壊、山々崩れる（山体崩壊）。かぐ土の神を起こせ（火の神＝マグマ・火山活動）山が震えるようにゆらす。水の災害の次は山々を始め火の災害を起こす」ということです。

２０１７年１月１日　新正月

「揚子江の神託にあるように、この大地の創り直しをおこなう」

２０１７年２月12日　金正男氏が暗殺された夜中の神託（日本に関する神託のみ抜粋）

「子が無くなる。子が無くなる」

「日本のサル（日本人）が崩壊する」

「核戦争が始まる（確信したように呟く）」

「西日本が崩れるといってくるなぁ（呟く）」

「核戦争が始まり。経済が崩壊し、北方領土がさらに崩れ、台湾は動き出す」

「石油が崩壊する」

「世界の平和の均衡が保たれない」

「イバブの神よ、西日本を潰す覚悟で動かせ」

２０１８年（日付不明）

「西日本が崩れる事を分かったうえで、人がいなくなることを承知すること」

「いずみも創れぬものは、日出国とは呼ばぬ」

2018年3月13日　天天の神託啓示

「磐梯の母神はいなくなった」

「代わりにチチブ（秩父）で支える必要がある」

「阿武隈川にヒロと言うものあり」

2018年3月　ギリシャ人の知人女性より九州の地震の夢の内容

「夢の内容はキュウシュウと聞こえ場所も見せてくれた。海底が発信源でマグニチュード9の地震が起こり津波が九州を襲った。被害は甚大。キュウシュウとハッキリ聞こえたので、地図を調べると日本の地名のキュウシュウと五島列島と済州島の海域の間と言う事が分かった。添付した地図に場所をマーキング致しましたのでご確認下さい。はっきりといつ起こるかは、分かりませんが、とにかく伝えなくてはと思いお伝えしています」


このビジョンを見たギリシャの知人には以下の返信をしています。

「今回、貴女は日本・特に九州の一部の地域の地震と津波を、夢で見たようです。たった今（3月20日）テレビで、九州のトカラ列島で震度3の地震があったとニュースにでました。

貴女が示したところは、九州でも北側になります。トカラ列島は南側になります。どちらも、火山、海底火山がある所です。
現在、九州の宮崎、鹿児島県境の霧島連山・新燃岳（１４２１メートル）で噴火が断続的に発生しています。地震学者達や、地質学者達も、昨年から九州の火山噴火についても、今後起こるであろう、東南海地震やフォッサマグナにより、日本は恐ろしいほど災害を受けとる予測しています。九州の地図全体を把握すると、貴女の夢が現実に起こる可能性は大です」

２０１８年４月９日　天天の神託啓示

「スマトラが割れる」
「ヒムカ（日向）の沖が割れる＝日向灘のプレート活動」
「南海～東南海トラフへ移行する」

２０１８年６月18日　天天の神託啓示

「弁天のおはこいを申し伝えや。千島が動きます」

２０１８年10月24日（与那国島にて）

「揚子江プレートに動き出す」（与那国島は揚子江プレート方向へと動き出す）

以上が、東日本大震災後から2018年までの主な啓示の内容です。

2018年は、台湾も韓国内部でも地震がありました。地震火山学者も火山活動や地震について警笛をならしています。

前の章と同様に、これらの啓示に関する断層やプレートについて調べたことを以下に記します。また、この本では掲載できませんでしたが、ギリシャ人の知人から送られた、地図で示した丸印がしてある海域やプレート、断層も調べてみました。すると、長崎の五島列島には、福江火山群があることがわかりました。韓国の済州島も火山で出来た島です。

ギリシャ人の知人が送ってくれた地図で丸印をされた地域は、トランスフォーム断層があることもわかりました。トランスフォーム断層とは、前の章でも説明したとおり、プレート境界で生成される横ずれ状の断層のことです。

2018年2月10日の毎日新聞の「海洋底探査センター　鹿児島県沖海底に巨大溶岩ドームを確認」(https://mainichi.jp/univ/articles/20180210/org/00m/100/008000c) という見出しの記事によると、鹿児島県・薩摩半島の南約50キロにある海底火山「鬼界カルデラ」(直径20キロ）に、世界最大級の溶岩ドーム（直径10キロ、高さ６００メートル、体積32立方キロ超）を確認」「採取した岩石などから、巨大カルデラ噴火を起こす大規模なマグマだまりが成長している可能性がある」とあります。

また、「黄泉の世界を、揚子江にもって行く」という神託啓示がありますが、中国内陸の揚子江界隈についてだろうと、また揚子江プレートを知り、プレート活動のことだと思いました。

※アムールプレート（ウィキペディアより引用　カテゴリ：プレート　最終更新　２０２１年6月8日（火）05:05　https://ja.wikipedia.org/wiki/%E3%82%A2%E3%83%A0%E3%83%BC%E3%83%AB%E3%83%97%E3%83%AC%E3%83%BC%E3%83%88）

ユーラシアプレート、オホーツクプレート、フィリピン海プレート、沖縄プレート、揚子江プレートによって囲まれており、バイカル湖のあるバイカルリフト帯は地溝帯になっており、アムールプレートとユーラシアプレートの広がる境界と考えられている。

※揚子江プレート（ウィキペディアより引用　カテゴリ：プレート　最終更新　２０２１年1月28日（木）17:07　https://ja.wikipedia.org/wiki/%E6%8F%9A%E5%AD%90%E6%B1%9F%E3%83

%97%E3%83%AC%E3%83%BC%E3%83%88)
華南（中国大陸の南側）の大部分を含むプレート。東に背弧海盆（島弧や沈み込み帯と関連がある海面下の盆地）である沖縄トラフを挟んで沖縄プレート、南にスンダプレート、フィリピン海プレート、北と西にユーラシアプレートが位置している。２００８年の四川大地震はこのプレートの龍門山断層によって引き起こされた。

このプレートについては、２０１７年にも黄泉を揚子江に移すとか、沢山の者達が亡くなるという神託啓示があります。要するに、このプレート活動によって、生命と言われる循環が出来なくなると言うことでしょう。

中国も大地に何をしたのかが、わかれば、内陸に何が起きて来るのか自ずと分かるかと思います。これらを含めて、海外の知人にも、日本の地震の夢を見ていますので、プレートの引っ張り合いや、断層が動きだしているのは否めないと思います。

２００９年~２０１１年に磐梯山や阿武隈川の神託が頻繁に降ります。

２０１８年３月13日の神託にはチチブで支えるというものがありました。

「磐梯の母神はいなくなった」

「代わりにチチブ（秩父）で支える必要がある」

「阿武隈川にヒロと言うものあり」

そこで、この阿武隈川流域に関しても調べてみました。

※阿武隈川
分水嶺である奥羽山脈と日本海へ注ぐ阿賀川の水源のひとつ猪苗代湖を臨む。阿武隈高地がある。阿武隈高地は宮城県南部から茨城県北部にかけて広がっている高地で、大部分が福島県に属している。

阿武隈山地には棚倉断層がある。茨城県常陸太田市と福島県棚倉町の間を北北西から南南東方向へ通る約60キロメートルの横ずれ断層を指す。


阿武隈山地には板倉断層というものがあることがわかりました。調べていく中で「大鹿村中央構造線博物館」（https://mtl-muse.com/）という博物館のホームページに行き当たりました。

この博物館のホームページでは、中央構造線についての説明がわかりやすく書かれており、以下の説明はこちらのサイトを参照に書いています。図などはそちらを参照してください。

まず、日本列島は日本海が拡大し、大陸から離れた、というのは私も元々知っていました。そのなかで、日本列島の大まかな構造を考える際には、この大陸だった時代につくられた「基盤」、と日本海が拡がったあとの堆積物からできた「被覆層」というのを考えるそうです。

日本列島の「基盤」、つまり、日本列島が大陸とつながっていた時代からある部分は、それがいつの時代にできたのか、またどのようにしてできたのかで区分されるらしく、ここで区分されたグループを「地質帯」と呼ぶそうです。

そして、日本は、山形県の酒田～福島県の棚倉～茨城県の水戸を通る棚倉構造線で東北日本と西南日本で分けられています。また、西日本について調べてみると西南日本内帯と西南日本外帯に分かれていることを知りました。

そして2018年3月13日に「チチブで支える」という啓示が降りましたが、そのとき私は埼玉の秩父のことだと思っていましたが、調べてみると、実は、秩父帯という地質帯が存在し、それは九州から四国、近畿地方を通り、棚倉構造線まで繋がる地質帯であることが判明しました。

神託にある意味、その場所〱を調べ上げ、地図と照らし合わせると、大いなる存在達はこの様な伝え方をするのかと身が引き締まる思いでした。

その後も、神託は止む事無く現象として表れるまで啓示を伝えてます。

2019年10月以降の啓示、ビジョン

2019年10月　天天の神託啓示

「千葉と茨城の弁天がいなくるビジョン」

「関東平野が滑りこむビジョン」

2019年12月　天天と東京大嘗宮を見学

「銀座の歩行者天国をみて、東京直下型地震が起きた場合此処にいる歩行している人達は津波やビルの倒壊で全員死亡」

「首都高速を走りながら東京高層ビルを見ると、首都高速の橋げたより、高層ビルは沈下するビジョンを見る」

「天山山脈と富士の陸棚から動いたら、日本の千葉の海域沈む事になる。この地域を沈ませることで海底は起きあがってくる。大地の神々が平定すれば、この様な事が起きな

くても済むが、どっちにしても人間の世界は正念場になる」
「各国の経済格差、個人の経済格差も広がるだろう。知恵者達（学者や政治家・経済家）が行ったことを世間が知っても、人間に始末をつけさせる」

2019年12月半ば　天天の神託啓示

「日本沈没の啓示あり」
「県名はハッキリしないが、九州地方から行う」

以上、日本の地震に関する啓示をまとめました。

我々の神託啓示には、「何年何月何日に、地震、津波、火山噴火、天災が起きる」という期日の神託啓示はありませんが、これまでの神託啓示を何度も読み返してください。

政府の地震調査委員会は今後30年以内に震度6弱以上の激しい揺れに襲われる確率を示した予測地図を公表しています。自分の住む地域のリスクを把握し、防災対策を取ることが重要です。これは政府が発表したものになります。

何度も伝えている様に、やっと、学者や政府が発表したことで、私は神託啓示を巫女魂達や知人達だけでなく、一般の方々にも伝えることが出来ました。

啓示の中にはまだ、現実の出来事として現れていないのもあります。

日本の強大な地震は、30年後ではなく、発表された日から、今日・明日と、毎日が30年内に起こる現実ということになります。

人々は我々の様な神々の神託が降りる存在達を疎んじ、神託啓示を真摯に受け止めようとしませんでした。あの奄美大島のセレモニーにおいて、私は大いなる存在と言われる者達に、胸をかきむしるほど、縋《すが》ったことか。

しかし、それでも３１１は前震だと神託で言われました。

霊性の選り分けの啓示

私は、「日本列島は七転八倒の様に揺れる」という神託を何度も大神、大いなる存在達より伝えられています。そして、学者達が発表したように、これは現実に起こる事で、避けることは出来ません。もっとも、皆さんに知っていただきたいのは、本州にはあの福島原発と同じく、原子力発電所が沿岸を取り巻くようにあるということです。

私は、原子力発電所推進派ではありませんが、だからといって今すぐに原子炉を止めると、どのようになるでしょうか。

現代はパソコンも携帯も風呂も車も、電気と言うものを使います。しかしこの啓示にあるように、七転八倒の様に巨大地震がおきると、生き残った方々は、放射能の脅威と共に生活をしていかなくてはなりません。また、国内でこの様な大参事が起これば、放射線にさらされたかもしれない国民を、海外の国々は受け入れてくれるでしょうか。さらには食料難から飢餓まで発展し、疫病も蔓延します。これが現実なのです。

宗教観、霊性と言うのはさておき、東北沖の巨大地震は起きてしまいました。日本列島は地震・火山活動期に入りました。今後起きるであろう、現象があっても、例えどのようなことが起きようとも、生きる強さを人々は持ってほしいと思います。

私が書いたこの本を、富裕層を貶める輩、冷やかし半分、興味半分、見えない世界観を資料として書くために読んでいる方……どのような方が読んでいるかはわかりません。

大いなる存在達からの神託啓示は、神智学、専門家や有識者達の研究資料にもなります。これらを載せると富裕層やスピリチュアルが好きな方を騙す材料になり、我欲に使う者も出るやもしれません。

今回、右記の輩がいる事を知りつつ、我々に降りている、神託啓示の中でも、大いなる存在達からの、現実の出来事として表れる重要な啓示の原文をあえて載せました。

日本・地球に関する啓示で、現実になる啓示（予言）があるのは否めません。我々一部の霊能者、シャーマン達が、表舞台に出るということは、人間の世界に余程の事が起きて来るのだと言うことです。

それもあり、我々は祈り、自分自身の肉身・御霊の寿命を使ってでも、大いなる存在達、創造主、大神達の依り代となり神降りの神事を行い、神義の啓示を知り、それを伝えていると知っていただきたく思います。

私が何故、最終の啓示と言っているのか…それは、天天を通じ神託啓示が進んでいるのを肌で感じているからになります。


日本は、神の国・島と言われて、縄文時代を懐かしく思う方々もいます。

それに異を唱えるというより、先ずは、縄文時代の精神性云々よりも、一万年前の時代と現在の日本の大地と、人口比率の状態を知る事です。

地震も、火山活動も今よりも活発だったはずです。

自然は神であり、人々も自然を大事にしています。食べ物にしても、大地の動きにしても自然の声が聞こえるというのは神の声が聞こえると言うことです。

しかし、時と共に人口が増え、神と共にあった大地は搾取され、人々は自然の声が聞こえなくなりました。

自然の大地が叫んでいる雄叫びは、人・人間に対して災害が来る事を伝えます。しかし、現代の人・人々は、災害が対岸の火事の様に、他人事の様に捉えています。

この日本という国・島が、これより列島諸国がちぎれるということを、長年、何千年と神の子の魂（沖縄では神んちゅ、日本では神託が降りる巫女や霊能者達）に輪廻転生を繰り返して伝えて来ました。

これらを分かりやすく伝えると、「富士の噴火や列島諸国の火山活動期の始まり、トカラ列島の海底火山活動やプレート分断、千島列島のプレートの活動、関東平野の直下型地震、東南海地震、九州の沈没、そして、静岡の海域駿河湾海溝が割れ、それらも含めて、日本列島の分断が始まる」という事です。これらは、幾世紀かけて起こります。

縄文時代と違うのは、今の日本の大地には原子力発電所が各地にあるのと、核戦争を起こす人達がいるという事です。

それは、更に大自然を壊し、人々の人口調整（人々の削減）をする事に一役買っている事を、人・人間は知ろうとしていないことに、日本大地の大御神は憂いているのです。

また、人の遺伝子も人の魂、神と共に歩む神んちゅや、カミングワァ、ユタ　巫女魂達、霊能者達の霊性も、選り分けの時代に入っています。

次の未来を作れない霊性は、例えどんなものであっても、必要ない生き物と言うことです。

これは、人の精神性ではありません。現実に日本列島の、各地に起きる大災害とともに、霊性の選り分けの啓示でもあるのです。


この様な事を、面白おかしく、啓示と称して載せるバカはいません。この本を書くからには、それなりに真剣に今後の日本の行く末を案じているのです。また、３１１と同じく、大勢の人々・国民が亡くなるのです。ですから、人を貶めることなく、今ある命を大事にしてほしいと、切に切に願っています。

第十三章　世界の災害と「人類と地球」

第十三章　世界の災害と「人類と地球」

２０１７年の初旬にイギリス在住の日本人の知人より、イギリスで水の祈りと講演会をしないかと連絡が来ました。そして、同年7月にイギリス・ロンドンで我々の神託啓示を基に、シュタイナースクールの教室では「水について」というタイトルで、The College of Psychic Studies と言う老舗のサイキックスクールでは「人類と地球の今後」というタイトルで、海外で初めての講演会を行うことになりました。その時に話したのが、壮大な神託啓示が降りて来る仲間内の天天や我々の水とアカシャについての神託啓示を分かりやすくしたものです。

第十三章から第十四章にかけて簡単に紹介させていただきます。

２００９年（日付不明）　某拝所にて

当時の仲間内のユタ神さん、知人を二名程つれて某拝所にいきました。

その時に沖縄の一人の巫女魂の女性がトランス状態になりながら、

「この星（地球）を、ジャンパーまで戻す」

と神託啓示を伝えてきました。

私は、それを聞き大変驚きました。

何故なら、ジャンパーとは「ジャイアントインパクト」のことです。地球を氷河時代まで戻すという神託があったにも関わらず、ジャンパーまで戻すとなると、現在の地球上の生命体の崩壊を意味します。

彼女自身、自分が何を言ったのか覚えておらず、また、全くその意味も知りませんでした。

この啓示にある、原始地球の成り立ちを調べた時に「微惑星が衝突し合体する事で原始地球は成長した」と書かれていました。

※ジャイアントインパクト説（ウィキペディアより引用　カテゴリ：天体衝突　最終更新　2021年4月21日(水) 01:36　https://ja.wikipedia.org/wiki/%E3%82%B8%E3%83%A3%E3%82%A4%E3%82%A2%E3%83%B3%E3%83%88%E3%82%A4%E3%83%B3%E3%83%91%E3%82%AF%E3%83%88%E8%AA%AC）

ジャイアントインパクトとは、地球の衛星である月がどのように形成されたかを説明する学説。巨大衝突説とも呼ばれる。この説においては、月は原始地球と火星ほどの大きさの天体が激突した結果形成されたとされ、この衝突はジャイアント・インパクト（Giant Impact、大衝突）と呼ばれる。

それから、過去の地球の歴史について、現在の人類が発生する以前の神託や今後の地球に関する神託が降りてきます。

①2011年8月7日

「サルガッソー」と何度も聞こえる

「東経32・15、北緯17・2地点（アフリカのスーダン辺り）地点から、移動させ、グリーンランドから赤道まで、地軸を動かす」

「エキドのモンをひらく」

「北緯20度　西経40度（大西洋）」

※サルガッソ海（ウィキペディアより引用　カテゴリ：大西洋の海域　最終更新　２０２１年5月4日（火）05:50　https://ja.wikipedia.org/wiki/%E3%82%B5%E3%83%AB%E3%82%AC%E3%83%83%E3%82%BD%E6%B5%B7）

サルガッソ海（ーかい、Sargasso Sea）は、メキシコ湾流、北大西洋海流、カナリア海流、大西洋赤道海流に囲まれた海域。北緯25度～35度、西経40度～70度。長さ３２００㎞、幅１１００㎞。

浮遊性の海藻サルガッスム（Sargassum、ホンダワラ類）にちなむ。サルガッソー海とも。

エキドはおそらく、ギリシャ神話に登場する怪物、あるいはイタリアのエトナ山の女神のエキドナのことだと思います。

②２０１４年（日付不明）

「エトナ山から噴火をさせる事で、カビを発生させ、新た病原の発生が起こる」

これは、「大西洋側の中央海嶺の海底を動かす、遺伝子の変化を起こす」という意味です。

さらに、東経32・15、北緯17・２地点（アフリカのスーダン辺り）を調べてみました。

又、北緯20度　西経40度（大西洋）の位置辺りも調べてみました。

※北緯20度線（ウィキペディアより引用　カテゴリ：緯線　最終更新　２０１７年2月19日（日）16:34　https://ja.wikipedia.org/wiki/%E5%8C%97%E7%B7%AF20%E5%BA%A6%E7%B7%9A）

北緯20度線（ほくい20どせん）は、地球の赤道面より北に地理緯度にして20度の角度を成す緯線。アフリカ、アジア、インド洋、太平洋、北アメリカ、カリブ海、大西洋を通過する。この緯線は、リビアとスーダンの国境の一部となっている。また、スーダン国内では、北部州と北ダルフール州の境界の一部となっている。

※西経40度線（ウィキペディアより引用　カテゴリ：経線　最終更新　２０１６年9月17日(土)20:52　https://ja.wikipedia.org/wiki/%E8%A5%BF%E7%B5%8C40%E5%BA%A6%E7%B79A）

西経40度線（せいけい40どせん）は、本初子午線面から西へ40度の角度を成す経線である。北極点から北極海、グリーンランド、大西洋、南アメリカ、南極海、南極大陸を通過して南極点までを結ぶ。

更に大いなる存在達は、次のように神託で伝えてきました。

「しかし、そこは最初の地球に関わった意識のモノ・存在達がおり（原始の神の側）、傍《かたわら》にはアトランティスの次元がある場所がある。そのために、ここは、古代の次元の渦が大きすぎて、思う通りにはいかない古代の次元を、巻きと取るに大きすぎる」

「しかし、現実に起きる事は、地の者達が言う事ももっともであり、神の意識も事実です」

この意味は、「この地域にはアトランティス時代の次元が埋もれており、その磁場が大きすぎて、思うように陸地（火山地帯）を動かす事が中々出来ないでいる。しかし、大地の意識のモノ達が言う事も分かるが、現実に起こる事も事実である」というものです。

更に、大いなる存在達は、左記の数字を伝えてきました。

③２０１２年（日付不明）

「10.i ×π（いのぱい）＝√「47253218」のビジョン

これを調べると、オイラーの等式とありました。

オイラーの等式は数学者達の間では神の数式と呼ばれているそうです。いかんせん、私達には神託啓示は降りてきますが、これは、物理学的な計算・数式の様です。専門家の見解を伺いたいものです。

ちなみに、イギリス人が主催している、ウィズダム・キーパーズという団体があります。2019年のグラストンベリーロックフェスティバルに、ウィズダム・キーパーズのメンバーとして招かれた時、同じメンバーの中に学者の方がいました。このオイラーの等式の神託を話したところ、アジア・日本の霊能者にこの様な神の数式と言われている神託が降りた事に、大変驚かれていました。

原始地球に戻すための神託

次に、天天に降りた原始地球に戻すための幾つかの神託を記します。

2009年2月21日

「左側の回転方向を見る事をしている、左回転を行うが、時空間のみ進ませ、物質活動に干渉しない。物質がどうこうなるわけではない」

「時空間という月日は地球の生命体や、生活には干渉しないが、生命体の活動、今直ぐに、どうこうなるわけではない」

「マクロネシア（ミクロネシア、ポリネシア一帯）に置いた王冠と言われる、黒い生命体は、磁場調整に使うつもりであった。磁場調整装置に乗ってきた、意識体は、深海に棲むホホジロサメと言う意識体も重なって持ってきた」

現在の地球は右回転ですが、原始地球に戻すにあたり、地球が左回転を起こす事でどのようになるのか……水がヒックリかえったり、建物や、人が、さかさまになったりするのでしょうか。そうではありません。この場合、時空間（時間と空間）のみの事であり、物質に影響が即座に現れることがないと伝えています。理解するのは難しいですね。

すなわち、時間と空間というのは、地球上の生命体活動と言う肉体や人の魂において、今日、明日すぐに影響が出るわけではないようです。

2009年（日付不明）

「地球の回転方向を変えるにあたり、磁場が必要」

その一つとして、

「ミクロネシアの海底周辺の火山岩は、磁場調整に使うつもりであった」

すると、海底火山が噴火することになります。海底火山が噴火するということは、人々の魂にとっては、深海に棲むホホジロサメの様に、恐怖と言う意識がおこる作用を植え付けることにもつながります。

地球上の人間や生物の生命体活動や、魂において、今日、明日と、直ぐに影響が現れることはないようですが、では大いなる存在達は、何故、地球や自然界に対してこの様なことをしているのでしょうか。

2009年（日付不明）

「何故この様なことをするのか。今、母なる地球がどのような状態か知っているか」

「氷河時代に戻そうと、思うものもいたが、それはやめた。母神達の魂の強い思いに敬意を表すものであり、頭を垂れるほどである」

「しかし、人の思いが魂を目覚めさせても、星の意識を目覚めさせても、宇宙の道理は、変わることなく、どこまでも続く。これは、終わりも無く、未来も無いという事かもしれない」

「人と言う志向が、欲と言うことを望まなければ、この様に新たな肉体も魂も、生み出していく、道理がいつまでも生じる」

2009年（日付不明）

「霊的意識が繰り返される、ものだけが、次の生命体へと繋げて行く事が出来る」

「人の器という、肉体やゲノム構造を変えることと、海底の海嶺、プレートを開き、海底灘や陸棚を動かす時代に入った」

「本当に、玉手箱を開くとなれば、ククルカーンの地である、中南米、ユカタン半島の地域も揺れることになる」

私達は海嶺、プレート、海底灘、陸棚、ゲノム、これらを玉手箱と表現しています。玉手箱が開く事は、地震や津波が頻繁に起こるということです。

2009年8月6日（第十一章の神託啓示と繋がります）

「日本の父島から中国の青島（チンタオ）を抜けて、中央アジアウズベキスタンのサマルカンドまで繋ぎ、グリーランドから北極を抜け、太平洋を縦に割る。その交わった所に、磁力を変えるものがある」

調べてみると、北極からみたプレートは大西洋中央海嶺と日本のフォッサマグナが、繋がって出来ているということが分かりました。

2009年（日付不明）　日本の火山噴火について和美と天天のやり取り（一部解釈）

「日本と言う地においては、富士山の地下で、マグマにまじる場所を開けた」（フォッサ

マグナと言う、日本が分断する地域。富士はいつ噴火してもおかしくない状態）

「しかし、ユーラシア大陸棚を動かす地点の中央アジアのサマルカンドまで、振動や波長が響かない」

「水の振動が弱まっている状態は、大地のスプリングが無い事であり、陸地が固くなると、更に大陸は細分化され粉々になる」

「では、大地にねむっているモノ（磁場・波長）をおこして、アメリカ大陸のノースカロナイナまでつないで、西海岸のアメリカ大陸の海嶺をゆらします」

「または、最初にプラトーンを使った、アフリカの大陸は沈みをさせるか」

２０１５年１月15日

「アフリカ大陸の沈み込みは、地球の歴史において、初期の頃の大陸分断があったこと」を伝え、そして「最初に分断したアフリカ大陸は、次は沈み込みが始まる」

「何故、地球の、磁界のとっても強い、場所に気づかないのでしょうか」

「強い磁界の周囲には、叡智がつまっているのに、人間の魂をつぶすのは人間である」

なぜ天変地異が起こるのか

ネイティブアメリカンや、シャーマン達が、日本の磁場を安定させる必要があるときには、日本の富士山や聖地で祈り・儀式を行います。

これは、第十一章、第十二章の日本の神託啓示にあるように、日本の四つのプレートが引き裂かれると、他のプレートの動きによって、海底火山が噴火し、海溝が開き、その地域に甚大な被害が起こるからです。また、四つのプレートがある日本は、海外の地震、噴火、プレートの動きによって、日本も影響が出てきます。それを、何とか祈りを行い、鎮めようとしているわけです。

では、何故大いなる存在達は、人の世界観では天変地異と言われるようなことをするのでしょうか。

次の神託は2008年に降りた神託です。日本との関連でとても意味深い啓示です。

この神託には、福島県にある磐梯山という火山と、グリーンランドやユーラシア大陸の北部について伝えています。

大いなる存在の発信者を意識体A、受信者を意識体Bとします。会話のようになっています。

私はこれらの神託を受け、日本、人類の行く末や我々の大事な霊魂さえも失う事を知りました。

２００８年２月頃天天による啓示の解釈

意識体Ａ「日本の福島県、磐梯山の磁場の不安定な所に、磁場の安定を目的とする、トゥーアンと言う意識の塊を埋めます」

（磐梯山は活火山（成層火山）です。火山活動の特徴は山体崩壊と岩屑なだれです）

意識体Ｂ「磐梯山に磁場を埋めるのを待ってください。その様に急がないでいただきたい私達も（受信体＝天地の神意識を受信する意識体の霊性を持つ者）、人間達と一緒で、このままの世の中を心配しています」

意識体Ａ「我々（大いなる存在＝発信している意識体）が行おうとしている、地球にたいする手順や、道筋はちがっても、目的は一緒です」

意識体Ｂ「それでは、生命を育む事が出来る出水（いずみ）が足りません。まずは『生命を育む事ができる出水（いずみ）を創る事』を皆（神々）が目標にしないと。生命体を創りあげる事ができません」

意識体A「では、あなた達（受信体）が、いずみとなりますか」

意識体B「待っていただきたい。受信体（霊性）のやどっている人間は、まだ、人間世界ある者達ばかりです。まだ、その様な事はできません。どうか許して下さい」

意識体A「凍土の地、グリーンランドだけでは、磁場・地軸を支えきれません」

意識体B「これより大きな津波がくるので、この様な波は小出しにしてもらえないか」（後に2011年3月11日巨大津波が来る）

意識体A「ユーラシア大陸の北部では、受信体（霊性）の入った人間が、育たない土地になって来ています」

「北極海にある大地（グリーンランドやアイスランド）を、海に沈めても、今の状態では、地球の大地は清浄な大地には、中々なりません。古代と違い、時間も短くなっており、地軸の歪みも進んでおり、地球の修正は出来なくなる。そうなると、人間の肉体も魂（心）も、生きて行く事が出来ない」

「生命が育たない大地になる時期が、ますます早くきます。そうすると、人の肉体にはいる魂は、産まれなくなってきますよ。目覚めさせる動機がなければ、何らかの作用で肉体を動かすしかない」

意識体B 「そのようなやり方を行ない、無理やりでも人の肉体を動かす（状況に持っていく）と、人の肉体に反動（病）が起きてきます」

「そうすれば、人の心身は、もたなくこともあります（肉体と精神のミスマッチが起きる）」

意識体A 「神獣の玄武で、ユーラシア大陸の北の、プレートが動きすぎないように、動く幅を見ているが、出水が少ないので、その動きの調整がやりにくい。

大地の柔軟性（人間が呼吸するように、大地も呼吸をしている）と、火が生まれる。人間の世界では、争いが生じ、自然界では噴火が生じる。そうなると、２つの国を掬うために、３つの国が巻き込まれてしまいます」（または、霊界、冥界を掬うために、自然界、神界、天界が巻き込まれてしまう）

意識体A 「ポリネシアから始まった、物事を元に戻す、動きは既に始まっています。霊魂を集め、元に戻す動き（肉体や魂の再生）は既に始まっています」

意識体B 「そうなると、人の魂の混乱はさけないと、ますます、大地のプレートの動きが早くなります。どうしたものか」

この大いなる存在達のやり取りをさらにかみ砕いて解釈してみます。

「日本の福島と言う所の、磐梯山と言う山の磁場が安定していない。安定させるには、火山噴火が必要であること。この地域のプレートは北アメリカ地域上のプレートの所にある。日本の大地の神々は、火山噴火は待っていただけないか、そうなると人々は混乱をきたす」と訴えています。

大いなる存在達は、「プレートが動き出すというのは、人の世界では大変ではあるが、地球の目的は一緒である。凍土の地のグリーンランドだけでは、地軸や磁場、プレートを支える事が出来ないでいる。ユーラシア大陸の北部地域では、人の霊魂が育たなくなってきており、北極海にある、グリーンランド、アイスランドが海に沈んでも、今の地球の大陸は清浄な大地に中々ならない。修正するには、時間も短くなっており、地軸の歪みも進んでおり、このままでは地球の修正が出来なくなる。そうすると、人間の肉体も人間の肉体に入る魂も、人の世界では産まれなくなり、生命が育たない大地になる時期が、ますます早くなる。地球が、生命を産まなくなる」と伝えています。

そこで、「ユーラシア大陸の北のプレートが動きすぎないよう、振動の波長をみているが回転する水も少なく、地球の自転の調整がつかない。

大地の柔軟性（人間が呼吸をするように、大地も呼吸をしている）が、上手くいかない。このままだと、火がうまれてしまう（地球のコロナから火の上昇や大気が熱くなる）。すると、人間の世界では、争いが始まり、自然界では、噴火と言う現象になる。

そうなると、二つの国を掬うために、三つの国が巻き込まれてしまう。

これを、次元でとらえると、霊界・冥界を掬うために、自然界、神界、天界が巻き込まれる。だから、霊魂を集め、元に戻す動きは（肉体や魂の再生）、既に始まっている」と、とても厳しい内容です。

この2年後に、２０１０年1月にハイチ地震、2月はチリ地震がありました。

チリ地震では、津波が日本まで到達しています。

これを見て、私は「このままでは日本はフォッサマグナにより、日本列島は分断される時が早くなる」と、居ても立ってもいられない程の、胸騒ぎが起こりました。私自身は、大いなる存在達より、この年の初めに奄美大島で神儀式を行うにあたり、「何が起ころうとも、一歩も引かずに、予定通り祈り儀式を行うように」と、厳しく告げられました。

これについては、第十章に載せたように、２０１１年3月11日、東北地方太平洋沖で巨大地震が起こりました。

この様に、霊能者だから、神んちゅだからといって、大いなる存在達の意識の神託啓示の全てが分かるわけでなく、神託啓示を伝える事も神事をする事も簡単ではありません。

第十四章　地球惑星について

第十四章　地球惑星について

2009年4月15日　天天の神託

「天の川を超えてきたオクトパスグリーンは、確認され黙認されてきたのも事実。まずは、赤から黄へ移すのが先ではないか。H_2O_2に変換するのは、先の戦、ギザで失敗し、アトランティスでは、暴動がおき、ムーでは地のうちで核を使い、何、みな、天体ごとの移動を試みようとした結果が、こうよ（今の地球の状態ですよ）。球の再生を内と外から行う必要があるとおもう」

この神託は大変難しい内容ですが、意味するところは次の通りです。

超古代といわれている、アトランティス、ムー大陸の時代や、古代エジプト時代に地球の天体ごと、太陽系の惑星周期から移動を試みようとしました。

それには

・地球のコロナの動きを変えて、地球上の大陸移動や沈み込みをさせる事

・全ての海域をH_2O_2（過酸化水素水）にして、生命の元素を変える事

が必要でした。

しかしその結果

・アトランティス大陸では暴動が起き

・ムー大陸では陸地で核が使用され

・古代エジプトのギザでは天体移動は失敗しアトランティス、ムーの両大陸は海に沈み、現在の地球の状態になってしまいました。

今、地球を維持・存続させるために、アトランティス、ムー大陸が沈んだ時と同じことが行われようとしています。

もし海水や水をH_2O_2（過酸化水素水）に変えてしまったとしたら、強力な溶解液となり、地球上の動植物も、私達人間の姿形も維持できなくなり消えていくことになるでしょう。

ポールシフトという言葉を聞いたことがあるでしょうか。

過去のポールシフトについての啓示で、マヤの神話にあるように、地球が暗くなり、地球回転が止まったとあります。

ポールシフトとは、惑星や、天体の自転に伴う極などが、何らかの要因で現在の位置から移動する事を言います。

２０１４年（日付不明）天天がある図を描き、伝えた神託

「ミシガン州（湖）からカリブもふくめエクアドルまで、円をかくように、ところてん方式の感じで押し出す。すると、押し出された側が飛び出してくる」（琉球・日本、太平洋側の南西地域の陸棚が押されてくる）

天天が見たビジョンの図には、ポールシフトと書かれています。

これについて天天と、ポールシフトについて話し合いをしました。

「地球の回転を太陽の周回をさせながら、軸転を南西方向にする。宇宙の幕のホールから、ホールへと移動する（白色惑星＝太陽）」

と、大いなる存在意識より神託も伝えられました。

地球を回転させながらポールシフトを行うと、それこそノアの箱舟よりも、ＳＦのような出来事になります。

これは、宇宙物理学の領域になります。

※因みに当時の天天はポールシフトの意味については全く知りませんでした。

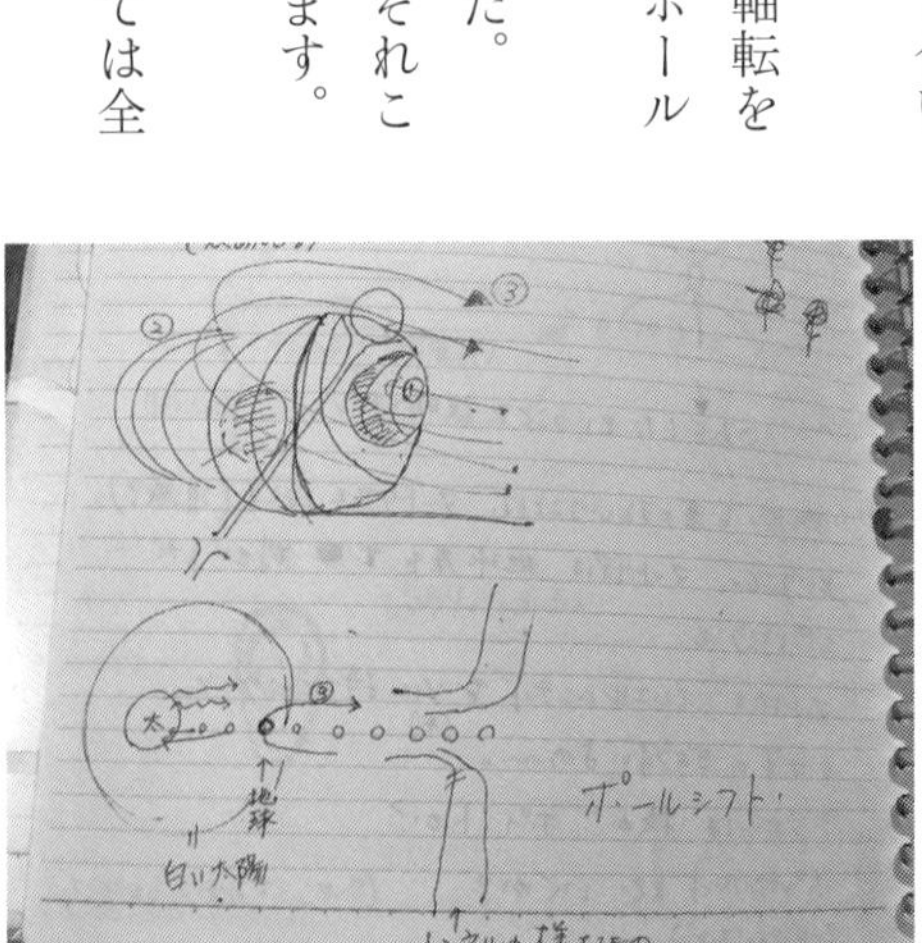

天天が書いた実際のイラスト

ポールシフトは本当に起こるのか

2014年7月30日天天の神託（解釈）

「極移動が早ければ、地球の半円同率の回転率が高まり、維持できなくなる」
「ポールシフトは、またにするか」
「いや、行う」
「期円速をはきだして、円周率をたかめる」
「月の引力を差し引く」
「それを行ったら、月がぶつかったり、離れたりしないか」
「アンゴラの地に、埋もれている、四台の飛行物をはじき出す」

この神託は、ポールシフトをするにあたり、地球の極移動が早ければ、地球の自転は維持できなくなるので、地球のポールシフトは行うと伝えています。

それを行なうと、月の引力の問題で、月が地球に接近するか、離れる事になると伝えています。そうなると、地球と月の引力がかわりますので、地球は一体どうなってしまうでしょう。

この様な神託啓示は、数学者とか宇宙物理学者の意見を聞きたいところです。

この神託啓示からすると、地球は、確実にポールシフト、次のアセンションに向かっていることは否めません。

２００８年に伝えてきた神託では、極移動が早まり惑星移動を三度試みたとあります。我々にはそれに付随するような、「アトランティスと被るようにムー大陸は沈んだ」というものもあります。

アトランティスとムー大陸の話や、古代の神々の消滅の話が出てくるはずだと思いました。

※ポールシフト（ウィキペディアより引用　カテゴリ：測地学　最終更新　２０２１年8月7日(土) 07:12　https://ja.wikipedia.org/wiki/%E3%83%9D%E3%83%BC%E3%83%AB%E3%82%B7%E3%83%95%E3%83%88）

ポールシフトとは惑星など天体の自転に伴う極（自転軸や磁極など）何らかの要因で現在の位置から移動すること。

・自転軸のポールシフト…月を生成した原因と考えられるジャイアント・インパクト仮説では、原始地球に火星大の原始惑星が衝突したことによって現在の地球と月の組成が成立した他、地球の公転面に対する自転軸の傾斜角（約23・４度）もこの際に確定したとされる。

・地磁気のポールシフト…地磁気の磁極は、頻繁に変化していることが観測されている。また、海洋プレートに記録された古地磁気の研究（古地磁気学）によって、数万年から数十万年の頻度でＮ極とＳ極が反転していることも知られている。この変化は永年変化と呼ばれているが、その原因についてはいまだ明確な説は存在していない地磁気の磁極は、頻繁に変化していることが観測されている。また、海洋プレートに記録された古地磁気の研究（古地磁気学）によって、数万年から数十万年の頻度でＮ極とＳ極が反転していることも知られている。この変化は永年変化と呼ばれているが、その原因についてはいまだ明確な説は存在していない。

２０１５年（日付不明）　大いなる存在達からの神託啓示

「古代において大陸移動や隕石落下によって、大陸が弾け、宙にまい、島となったこと」
「人と言う意識は、今回もそれが起こると想像する事は、出来ないのだなぁ」（想像する事が出来ないでいる）
「このことが起きる事を、分かる意識体がいても、人という人間の意識に伝えていない」
「人の肉体に入っている魂や、聖人、神と共にいる者達も、地に落ちた」
「この様な聖人や神と共にいる者達も、次の次元へと掬いあげようとしたが、人の意識が強すぎて、人々に伝える事をしていない」

「天界、大地に、ガンダラ（ガンダラと言う場所）に磁場の波長を送る」

「大地がだいぶ盛り上がっている」

「スカンジナビア半島。ここが吹っ飛ぶと、地球の回転軸がX回転になる」

「するると、他の地域まで磁気の余波がくる」

「そうなると、そこの地域は持たなくなる」（災害が酷くなる）

「その為に、時間軸を遅らせる」

「大地の者達も、もう、変わる時期になる」

と伝えてきました。


アセンションというと、一部の流行りのスピリチュアル系では、光に包まれて特別な人達が行く場所と、思われている方々もいます。確かにアセンションという、次元上昇はあるでしょう。しかし、これは、人間に肉体の死を意味します。肉体があり生きたままでは、アセンションにはなりません。霊的魂においても、アセンションが出来るとは言いがいたのです。

２０１５年６月21日夏至

「一億年前の事を覚えていますか、二億五千万年の事が起きます」

「西の門が開く」

これは、地球上における一億年前や、二億五千万年は絶滅期の時代のことを伝えています。という事はこれと同じく、現代の文明社会の絶滅期に入ったことを伝えています。そして軸転変異、地球再生により、太陽は西から昇るということも伝えています。

地球の地軸の傾き

「地軸を23・5度から34・5度まで倒し、軸の最長幅にある、ねじりの端をのばしていくと、惑星がもう一つ入ると思う」

「土星の引力も弱まっており、地軸はゆがみ続けている」

惑星について

「土星の引力が弱まり、地軸はゆがみ続け、惑星がはいる」

この神託啓示は

・他の惑星の意識をさすのか

・隕石落下をさすのか

我々は、木星を周回している衛星に注目をしています。どちらにせよ、衛星や隕石に関係する事は確かなようです。ＮＡＳＡや天文学者の意見を聞きたいところです。

本当に人類文明の終焉と地球の再生は起こるのでしょうか。

私達は大いなる存在達から降りてきた、神託啓示を伝えるのみです。

第十五章　人の器と魂と海底噴射孔

第十五章　人の器と魂と海底噴射孔

２００９年（日付不明）に降りた神託啓示によると、大いなる存在達は「人の肉体は霊的存在達の器」として捉えています。
また、「肉体から出た時の魂の集合体が集まる場所」というものがあり、それは「海の海溝や海嶺と言う場所」だと伝えています。

これらをさらに嚙み砕くと、海底の奥底について示していることが分かりました。
この奥底にある場所で蓋の様な役割をしているのが、海底灘や陸棚になります。これらを、神託啓示では玉手箱や蓋と表現しています。

現在の地球は、蓋と言われる海底陸棚を動かすため、海嶺が開こうとしています。大きな力が加わるのですが、作用するのが陸地であれなんであれ、これらプレートのことを、私達は神獣と言われる「龍・龍体」と呼んでいます。

玉手箱を開けることについての神託があります。大いなる存在達は、人と言われる、肉体を持ち、人の魂、思考や意識体に対し、これを次のように伝えています。

2009年（日付不明）天天の神託啓示

「人の子よ、人と言う者よ、魂が行くところ、行くところ、魂の砕けた残りが、地球の大地と海との分かれ目であることがわからないのか？」

「何処へ行っても、大地や海底のひずみにより、泡（支えていたものが、圧縮や裂ける事により空気が抜けるような泡）がふきあげているのか、わからないか？」

「泡がなくなれば、地球はしぼむ」

この神託の意味は、「何処を見渡しても、大地や海底のひずみにより、泡がふきあげているのが、わかりませんか？　この泡がなくなれば、どうなると思いますか。地球はしぼむのです。それは、人の世界においては、地震や噴火、自然災害というものになります」という意味になります。さらには、

「星（地球）の縮小は、星の命の始まりと終わりを表す。（この泡が吹くところが噴射孔と言う）」

と伝え、以下に続きます。

「古代のエジプト時代の地域で、アメンホテプ（ラーの意識・太陽神）の意識の者達が、地球から脱出した時に、星（地球の地軸の位置）が変わり、目的とした次元へたどりつけない者達もいた」

「星の縮小というのは、再生であり、始まりでもあるので、人の肉体や魂、神と称する者達にとっても、大事なことなのです」

「ユーフラテスの時代にあった出来事が、時を経て、同じことが起きる時がくる。その時が来た時、我々（意識体と呼ばれる存在）は目覚め、次の時代へ行くための準備を行う」

「人間の肉身と言われる身体にある、『憎しみ』にも似た物（滴）は、命の循環をせずに、止まっている状態になっている。目覚める時には、その滴を魂から取り払い、先に地球に降り立った原始原初の意識の者達を目覚めさせることが必要です」

「循環が始まるという事が、人間を始め生物の生命活動になり、人間においては希望や勇気となる。そして、新たな、命の循環が始まる事となる」

しかし、大いなる存在達からの神託に対して、大地の意識達は

「そのような生命体の循環と言っても、人は直ぐに分かるのでしょうか。人は（感覚、感情、精神的、それを持つ意識）、信頼がなければ、その様な事は受け入れる事は出来

ない」

と答えます。

この返事に対し、大いなる存在達は

「だからこそ、人と言うのは腕を広げ、輪をもち、繋げ、勇気を持たなくてなりません。玉手箱の蓋を開くのは、かけですね。かけです。出来ると思いますよ。信じています」

「今の地球上にある生命体が無くなるのを、悲しんでいるばかりでは、いけません。我々は、その様な生き物ではありません。（人間が解釈できる存在ではない）」

「次は、ひとえに慈しみを。虚しさに温かさを知る事です。なんに対しても慈しみをしり、心に穴が開いた空虚ではなく、心の温かみを創るようにしてほしい」

と、人の意識、叡智では計り知れない事を大いなる存在達は伝えています。

大いなる存在達が伝えている、泡や玉手箱を分かりやすく見ると、海底や海嶺や熱水噴射孔というものになります。

ちなみに、２０１７年5月9日のスマートジャパンに沖縄の熱水噴出孔で発電現象がみとめられた、という旨の記事があります（https://www.itmedia.co.jp/smartjapan/articles/1705/09/news016.html）。

沖縄の熱水噴射孔ついては、この壮大な啓示が降りた天天より連絡を受けました。

これを読み、私達は学者達の研究と我々の神託啓示が一致すると、確信を得ました。

何度も伝えたように私達は、科学者や物理学者、その道の専門家ではありません。

ですから、神託啓示を世に出して良いかとても迷います。

この様に、神託啓示が学術的に類似する事を検証する事で啓示がどのように進み、確実に起こるか否かを私達のような者も知るのです。

地球の再生についての神託

「地球の再生を、内殻と外殻から行う必要があると思う」

「S2fe2fe2rg4 のように鉄鉱石では金属が強すぎないか。例えば黄鉄鉱（FeS2）」

「内殻、外殻が動けば、摩擦により火が生じやすい」

と伝えています。


地質調査総合センター（https://www.gsj.jp/HomePageJP.html）のサイトにある地球の構造のページから引用すると、

「組成を基準にした分け方では、上部マントルは主にかんらん岩からできていると考えられています。下部マントルは高い圧力のためかんらん岩がより緻密な構造に変わっていると考えられ、上部マントルと下部マントルの間は漸移帯（遷移層）になっています。下部マントルと外核の境界部はD"（ディー・ダブル・プライム）層と呼ばれ、かんらん岩が更に緻密な構造に変わっていると考えられます。外核は主に液体の鉄とニッケルから、内核は主に固体の鉄とニッケルからできていると考えられています」

とあります。

また、外核と磁場の関係については、ナショナルジオグラフィックの２０１９年9月25日の「真夜中ちょうどに震える謎の磁場、火星で発見」（https://natgeo.nikkeibp.co.jp/atcl/news/19/092500553/）という記事から引用しますが、

「だが地球とは違い、火星の場合は不幸にもおよそ40億年前に外核の対流が動きを止め、磁場が崩壊した。わずかに残った弱い磁場では強力な太陽風を防げず、やがて火星の大気は宇宙空間へと流れ出る。それとともに、生命を宿せる水の豊富な世界が、冷たい砂漠に変わってしまった」

つまり、地球は地球の磁場によって、太陽風から守られているということです。

神託啓示では、ポールシフトでも、地球の地軸を変えるにも、四つのオベリスクか、四つの飛行物を外すと伝えています。

そこで、4と言うものに着目しました。

・四元素　水、火、土、風

・四方　　東、西、南、北

・地球内部　内殻、外殻、マントル、地殻の四つの層がある

・人種　　ネグロイド（黒人）、コーカソイド（白人）、モンゴロイド（黄色人種）、オーストラロイド

・性染色体　X、Y、Z、W

・RNA核酸塩基アデニン(A)、グアニン(G)、シトシン(C)、ウラシル(U)

・DNA核酸塩基アデニン(A)、グアニン(G)、シトシン(C)、チミン(T)

地球の再生、種の再生は、これらすべてが当てはまる事になります。

さらに、私が今回注目したのは「地球の再生を、内殻と外殻から行う必要と『S2fe2fe2rg4』のように鉄鉱石では金属」と言う神託です。

噴射孔の研究として、国立研究開発法人海洋研究開発機構のホームページにある、２０１７年4月28日の「深海熱水系は『天然の発電所』深海熱水噴出孔周辺における自然発生的な発電現象を実証~電気生態系発見や生命起源解明に新しい糸口~」というプレスリリース（http://www.jamstec.go.jp/j/about/press_release/20170428/）で以下のように述べられています。

「沖縄トラフの深海熱水噴出域において電気化学的な現場測定を行った結果、深海熱水噴出域の海底面で発電現象が自然発生していることを明らかにしました。深海熱水噴出孔から噴き出す熱水には硫化水素のように電子を放出しやすい（還元的な）物質が多く含まれています。また、この熱水には鉄や銅などの金属イオンも大量に含まれているため、海水中に放出される過程で冷却されて硫化鉱物として沈殿し、周辺に海底熱水鉱床を形成します。研究グループは、海底熱水鉱床の硫化鉱物について現場および実験室において電気化学的な解析をすることで、海底下の熱水から海底の硫化鉱物を介して海底面の海水に向かって電子の受け渡しが発生していること、換言すれば、電流が発生していることを確認しました。この発電力は、熱水噴出孔を中心に少なくとも周辺約百メートル先の鉱物表面で観察されました。つまり、深海熱水噴出域が巨大な天然の燃料電池として機能していて、常に電流が発生していることになります。

これまで、分子の拡散にのみ依存すると考えられていた深海のエネルギー・物質循環が、鉱床中の電流を介しても起こることが明らかになったことで、空間的にもメカニズム的にも考え方を拡張する必要が生じ、今後理解が進むことで様々な分野への応用や展開が期待できます。例えば、海底に電気をエネルギー源にする生態系が拡がっている可能性や、大昔の地球の深海熱水噴出孔において電気の力で生命が誕生した可能性を得たことで、地球外生命の探査方法も大きく変更されることになると期待されます」

ここでも、生命の起源が、噴射孔であるかもしれいないと学者達は発表しているようです。人間は自分達の姿形が、延々に続くと思っています。

しかし、地球の海底灘、海嶺、プレートが動きだし、全ての元素の配列が変わったら、生物はどのような形態となるでしょうか。

大いなる存在達は、人間、人類のためだけに神託啓示を発信しているのではありません。全ての生命、そして、その中に入る魂、霊魂と言われるモノにも、地球の軸転、極移動と、生命体が変わると、各次元層に発信しているのです。これは、何世紀も行われています。

そして、輪廻転生が繰り返し行われ、私達は、地球の再編成が来る時までに目覚める事を促されています。

「大地の者達（神と称する意識体）も、もう、変わる時期になる」

「一億年前や、二億五千万年の絶滅期の、時代のように、現代の文明社会の絶滅期に入った」

「人と言う生き物は、生命体は、ただの、ゲノムの配列でしかない」

「今の、人間のゲノム配列は、地球の再編成の環境おいては、維持できない」

「未来の種（遺伝子・種族）となる者達の、選り分けも行う」

と神託を伝えてきました。また、

「人と言う生き物は、真珠玉の集まりでしかない」

という神託も受けました。


この真珠玉とは、ゲノム配列のことで、人と言う生命体は、その集まりでしかないと言っているのです。

「今の人間のゲノムは、地球の再編成の環境おいては維持できない。また、未来の種となる者達の選り分けも行う」

これは、ミトコンドリアにおける細胞核を残すものと、残さないものに振り分けられることになります。

第十六章　人の魂との肉体について（ＲＮＡ遺伝子）

第十六章　人の魂との肉体について（ＲＮＡ遺伝子）

人の魂と肉体や遺伝子について天天に降りてくる神託に、大変興味深いものがあります。幾つか載せますが、これをどうやって説明をすればよいか、大変難しく神話の世界で捉えるよりも生物学者の意見を伺いたものです。

レムリア時代

２００９年３月

「レムリア期の頭蓋骨形成による負担を軽くした」

「形成による不文律を抑えるために、図の統計を組み、伸縮性を出し遺伝子の二重螺旋という構造に落ち着いた」

「ゲイトはさび付いていますから。分かる言葉で言うなら、遺伝子（肉体）とオーラ（魂の振動）への接続はまだできない」

「確かに、レムリア時代の意識を乗せることは可能である」

時代の意識と時代の転送は、次元の往来を意味し、螺旋軸に乗せることはできるが、かといって個人の霊性の上昇が、地球産の全てのものの上昇には、繋がらないという神託啓示を受け、これらは人、人類の歴史にも関わるという神託もあります。

大いなる存在達は、更に、次の様に伝えてきました。

「あなたが（著者／和美に降りている大神へ）伝えているように、我々（大いなる存在）がしている事は、人の歴史に関わるものです」

「人の三度の核爆発、核融合、核爆発を繰り返し、『ＲＮＡ』の遊離性を高めてきた。核酸（ＲＮＡ）の集合は、そもそも、環境への適合性を高めるために行われる。要するに、意志のあるタンパク質である。タンパク複合体物質、ケイローンは、有事の時しか働かず、世を見つめていく生き物である」

「半獣半人という生物になったのかと言うと、その次元・時代の環境に適正するための生物が必要であった」

大いなる存在達は、過去の地球の生物もそうですが、人間も今の環境に適した生物だという事を伝えています。

ゲノムとエネルギーとイオン

2009年（日付不明）

「雷はシュウセキボウシ（集石星）のイオンの集合体である」

「ゲノムの配列は、意味のないことであり、オーラ、霊性など様々な言葉で語られているが、電極集合意識の解明に勤しんだ方が科学の向上には有効である」

「カオスの理論を用い、リンダムに、放出させる生命維持に対する活動は、酸素 O_2 の性質により、生命存続の波動の短縮と、ホルモン調整の振動低下にて、生命体の質の低下となった結果をえた」

「時代の意識と時代の転送は、次元の往来を意味し、螺旋軸に乗せることはできるが、かといって個人の霊性の上昇が、地球産の全てのものの上昇には、つながらない」

「地の振動は微細に変わっておる」

「要、要でシ音を広げていかねばならない」

「地は揺れるが地球のオトがないな」

「命のオトがなければモノモノは死に絶える」

「命のオトを地に吹き込め」

一般の方々からすると、この様な神託啓示は理解するの難しいと思います。

これらの神託啓示で注意深くみるべきところは
・レムリアと言う時代における遺伝子の二重螺旋
・RNAと言う原始細胞をつかい三度人間の細胞核を作りあげている。
・タンパク質は意思があるという事。
・RNAは環境で変化する事
・ゲノム配列は意味がない。
・いち個人の霊性の上昇や、地球人類全ての者の上昇には、つながらない。
とあることとです。

この様な神託啓示を怖れず理解していたら、人間が人間を貶め、神の子が頂点を目指す欲に溺れたでしょうか？
人、人間は現在の地球環境と、文明、科学も、人という姿形も、次の未来へと続くと思っています。
また、大いなる存在達の神託啓示で、生命の細胞は、環境によって変化するとあります。

最近の地球の動き方を見ると、地球の環境は著しく悪化しています。

生命体を創るにあたり四大元素は欠かせません。

大いなる存在は、それを、承知の上で、水の性質を変えると伝えてきました。

これは、地球上の生命体における水の変化と人類を創り上げた、ＲＮＡ、ゲノム配列も変化すると伝えているのです。

現在の地球の状態において、人と言う生物も絶滅期の一種だと考えていただきたいと思います。

第十七章　ウイルスとＹ遺伝子とミトコンドリアの神託

第十七章　ウイルスとY遺伝子とミトコンドリアの神託

この章は、２０１７年にイギリスで行った「人類と地球の今後」の講演をはじめ、東京、沖縄と講演会で話した神託啓示の内容を主に書きたいと思います。

２０１７年頃は、世界を震撼させている新型コロナウイルスは発生していませんでした。神託啓示には終わりがありません。新型コロナウイルスをうけ、当初の原稿には詳しく載せていなかった、ウイルス、ミトコンドリア、Y遺伝子の神託を新たに加えてみました。物語のように書けると良いのですが残念ながら文章力がないので時系列に沿って載せていきます。

２００７年当時の天天は神託だけでなく、ビジョンや夢などで啓示を伝えていました。

私は、壮大な神託啓示が降りて来る仲間内の天天だけでなく、霊的修行をしている当時の巫女魂達のビジョンや夢も照らし合わせていきます。特に天天に降りて来る神託啓示の内容は、大いなる存在達が、神託啓示で言わんとするものが何であるか、調べていくうちに学者の意見も聞きたいと思うようになりました。そして実際にお話を聴けた方の一人が、福島原発事故の放射線量とその影響をヤマトシジミで研究された、亡き野原千代先生になります（野原千代先生との出会い等については第十九章にて詳しくお話したいと思います）。

緑とピンクの夢について

２００７年　天天の夢の中の神託

「両面を開くカーテンの紐を持っている女性が二人いる。一人は和美さんで緑の紐を持って片方のカーテンを開けている。もう一人の女性がピンク色の服を来ており、カーテンの紐は持っているが、カーテンを開けようとしないので、和美さんが困った顔をしている」という夢を見て、「ピンク色の服を着たお役目をする和美さんの対の神んちゅは誰ですか？」と連絡がありました（この時までは、夢解釈するもまだ意味がつかめていませんでした）。

２００８年（日付不明）　ある巫女魂の夢

「ピンクのおばさんと、緑のおばさんがいる。ピンクのおばさんが、周りが困っているのに、知らないふりをする、何だか腹立たしく、憎い感情が湧いてくる」と連絡がありました。

２０１１年2月27日　別の巫女魂Tさんの夢

「男の子達が遊んでいる。ピンクのおばさんは黙って見ているだけ。しばらくして、男の子が苦しみ出して、床にふせる。それでも、ピンクのおばさんは黙って見ているだけ」と連絡がありました。

２０１１年8月頃　別の巫女魂Tさんの夢

「男の子が死んで、傍らにピンクのおばさんが佇んでいる、私は、手紙をピンクのおばさんに渡すのが遅れたのをわびる、ピンクのおばさんはそれを読んで、傍らの亡くなった男の子を見つめている」と連絡がきました。

ミトコンドリアとY遺伝子

２０１０年頃　天天の神託啓示

「新ＤＮＡを作るためには、正常なＤＮＡに戻す↓ベースを整える作業が必要」

「先のカンブリア時代まで戻り、ミトコンドリアやＲＮＡを作り始めた時代まで戻るために、ホットプレートを下げ大地につり上げていく作業をする」

「泡の子達から死ぬ。泡の子達とはY遺伝子と言われる物」

「天幕をきちんと頑張っとかないと、有害なものがとんできて、違うDNAが出来てしまう」

「新たな、ミトコンドリアやRNAを作り始めるために、大地や大気や環境を古代の地球に戻す必要がある」

この啓示の意味を、軽く流さずにいることが重要で、今の地球環境、異常気象、気候変動と呼ばれることの意味がこれから少しずつ分かってきます。

以下に天天や巫女魂達の神託とビジョンを時系列順に記します。

2012年　天天の神託啓示

「ミトコンドリアの組み換えにより、今ある男の意識は対応出来なくなります」

2012年8月　巫女魂Cさん

（白い服を着た大石さんが、四つん這いになって一心不乱に地面の苔を貪り食っている）

「人の子はもう終わりです天の子も散り散りになりました。ああ人の子よ、私はどんなにお前たちを愛していたことか、どんなにお前たちを愛していたことか！」（またここ

で、白い服を着た大石さんが泣きながら荒野をさまよっているのが見える）

２０１３年に千代先生から、隕石と水に関する事や、ヤマトシジミと、我々に降りている神託の遺伝子について情報も教えていただきました。啓示通り、２０１１年３１１の東北沖巨大地震により、福島原発事故が起こりました。この年の11月、今は亡き野原千代先生と巡り会う事となりました。何度か千代先生には、我々の神託啓示を伝え、お互いに情報交換をしました。

・緑とピンクの色や藻について。
・周りの精神世界で騒がれている、男性性の世界から、女性性の世界に入るシャーマン達でも騒がれている事。
・原始の水と藻や古生菌や、隕石落下の神託の話。

そして２０１３年に千代先生から、隕石と水に関する事や、ヤマトシジミと、我々に降りている神託の遺伝子について情報も教えていただきました。

その後も別の巫女魂達が、夢や白昼夢（ビジョン）神託啓示を伝えてきました。

２０１３年３月　巫女魂Ｄさんのビジョン

・豪雨のため、移動をよぎなくされ、いくつも色々な道がある。

・子供たちと歩いて移動すると洪水のため、先に進めない。
・私たちは遠回りになるが、戻り迂回することを選択。途中車でみんな別の道を選び逃げている。そっちにいったらダメだよと、声をかけても聞こえない。
仕方なく進むと、途中強盗に捕まり、何故か海沿いのテトラポット等あるような場所に場面が変わる。そこには世離れ人の姿あり、助けてくれるようだった。近づくと、髪の毛はボサボサで、目が白濁しており全く見えない。
・突然その男性の陰部が血まみれで、おしっこも真っ赤。「どうしてこうなったんだ？助けて」と取り乱している。強盗は動けず、私たちは安心するように伝えながら病院へ行こうと移動する。
・しかし「自分がこうなったのは、環境のもの（環境のせい）だと訴える。自分たちは、隔離されていた」「この世界を変えてくれ。戻してくれ」と言っている場面で終わる。

2013年　巫女魂Eさん

中国の大気汚染のニュースを聞き、
「中国からウイルスがくる」「大勢の人が亡くなる」と聴こえる。

2013年6月　天天の神託啓示

「藻は、精子である
卵子の中に精子もあるの。
だから、卵子も藻がある。
人間でいえば両性になる。
（男女に）分離さすのは、経験値と何より繁殖力をあげる為」

2014年12月4日　天天の神託啓示

「遺伝子の進化が猿から人ではなく、種類別に考えられている（例えば植物や爬虫類など）全ての生命体を遺伝子の配列を当てはめると合致してくることを全ての人類に説明していない。特に、Y遺伝子に関与してくることを生命に説明する必要がある。Y遺伝子がうすれつつあるいまが好機である！」

2014年3月8日　天天の神託啓示

「人間という形態になるために、藻の意識体を作り出したものたち」
「黴をはやさなくてはいけない」

「黴ニアイコール藻?・」

「ペニシリンは黒かびからとる」

「ペニシリンは結核、つまり肺にたいする薬」

「肺は菌と同じ構造」

「結核はウイルス」

「ウイルスは進化に必要」

「あらたなる命の変遷には、ミトコンドリアの変容が必要」

「そのためには黴をはやさなくてはいけない」

２０１５年7月2日　天天の神託啓示

「ミトコンドリアがない方が消えるのは確定です」

「では、ミトコンドリアのないどこの系譜が消えるのか?　ミトコンドリアの分布と言葉と文字の分布。ゲルマンなどインド・ヨーロッパ語族に入る」


私の神託啓示に、「アズーラと言う古代の水の啓示が降りて来る前は、藻を創れ、ミトコンドリアからやり直す」と言うものがあります。これらの神託啓示や情報をうけて、２０１３年に私は以上の内容も含めて霊的修行をしている巫女魂達や知人達に以下の内容を配信しました。

それから、この時系列に内容によっては、既に２０１３年には当時の巫女魂をはじめ、知人にだけにウイルス発生、Ｙ遺伝子崩壊についての神託啓示を配信しています。

因みに、奄美大島の神事の時に、大型台風が接近する中、海で行った水を瓶に入れて大事に保管しています。瓶の底には、緑色の藻ができています。

この水は、海外など含めて大事な水の儀式の時に、数滴入れて行っています。

大切な水の儀式で使用している水

第十八章　カラクニ神事と産土神事

第十八章　カラクニ神事と産土神事

第十七章に載せたように、大いなる存在達はその後もY遺伝子崩壊や、ミトコンドリア、ウイルスについて変わることなく神託で伝えてきました。

壮大な神託啓示がおりる天天と何度も神託について話し合いを行い、十二支の終わり、平成天皇の退位をうけて、私は天天始め巫女魂と呼んでいる者達を集め、２０１９年平成最後の４月19日～20日に沖縄で神事を行う事にしました。

それを受け、天天に次の神託がおります。

２０１９年２月16日

「沖縄での神事を考えた時にカラクニと聞こえる」

「カラクニとは天孫降臨」の事とあります。

２０１９年３月23日

「精子の形を変えます。器（肉体の構造）をかえていきます」

「熱の形がかわる。テクタのほうしをとばします」

テクタを調べるとTECTAはギリシャ語で「創造する」という意味がありました。その他に日本についての神託もあります。

そこでカラクニ神事と共に、産土神事も一緒に行う事にしました。

私は神降りをする神事においては、当時の仲間内のユタ神さんや、天天以外、霊的修行をしている巫女魂達を同行させる事も、神事を見せる事も滅多にありません。

理由は霊的資質があろうとも、神事の重要性を殆どが、その一個人、つまりは人間の意識で考えてしまい、後に問題となることがあるからです。

それを踏まえ、神事に参加する巫女魂達には、神事における目的を伝えました。

平成最後の神事の目的

・日本国の理由はなんであれ、天皇家という氏神の総代表が生前譲位をされる。
・それに伴い、日出国の霊的な者達、見えない存在達にも影響を及ぼす。
・同じく琉球（沖縄）も見えない形で、歴史の渦に巻き込まれていく。

・琉球・龍宮は、泡玉という魂の輪廻転生が行われる所。
・日本・日出国は、魂を結び育む所。
・琉球列島、日本列島の、龍宮・日出国の崩壊にともない、これより人間の肉体は勿論、肉体に宿る魂も創れない時代へと進む。
・皆さんに宿る、霊性も、今後生まれ変われる事は、難しい霊的時代に入る。
・ひとりでも多くの命を救うことが、私達、霊体を持った者達の運命であり、課せられたことである。
・終わりの始まりの時代に突入するにあたり、多くの人々（肉体）、多くの子供達（霊魂）の、生まれ変わり、建て替え立て直しをおこなう。
・平成最後の４月の神事は、５月１日の新元号にむけての神事。
・新しい、太陽神と共に、産土神の創り直しがこれよりおこなわれる。

産土神事の目的

・「女性」と「産土神」は、「生」「死」を左右する性質があります。
女性は命を産み出す存在です。

・産み出すモノは、「生（セイ）」と「死（シ）」です。
「産土神（ウブスナシン）」は、見えぬモノ達の「生」「死」を産み出す呼び名を指しています。産土は女性と一緒で、日本中にいます。
・今回は「生（いのち）」をつくる神事です。
・女性は、出産するために、男性と性交し、受精する。
・産土神は、見えぬモノと交わり、産み出す。
・五感で感じとれる「生（いのち）」を産み出すのは女性。
・五感で感じとれない「生（いのち）」を産み出すのは産土神（男性主体の祈りにおいても男女の聖地巡礼など注意が必要）。
・五感で感じとれる男性（年齢制限なし）がいると女性としては、恥じらいが生まれ、神事に集中できない。産土神としては、交わりたくなり、男性の気を引きたがる。男性の「目に見えない「心」」をもてあそぶ。
結果、神事が、成立しなくなる。

見えぬモノの「生（いのち）」「死」を産み出すのに、人間の善と悪はあてはまりません。

神事における注意

・神託が降り始めても子育て中の巫女魂達は不参加。
・家族の同意。
・人間の男性、自分の子供であっても、神事当日の送迎に男性は関与させない。
・身内、恋人、御主人であっても、車の送迎で来ることも出来ない。それが無理ならば、必ずしも神事に参加しなくても良い。

今までの様に、久しぶりに仲間内と会って神がかり（トランス状態）になっても誰も見ていないからと言って、ワイワイガヤガヤするのは許されるものでは無い事、そして神事の内容自体が今までとは違う事も口頭で説明をしました。

神事を行う上での約束

神事が終わったら、人間の中で生活していきます

大きな神事は、体が火照り、高揚（こうよう）します。

好意のない男女間でも、男女の仲になることがあります。

神事をするにあたり、まず念頭に置いておきましょう。

神事をするものは、そのようにさせないために、行動しましょう。

男女の仲にさせないように、見えぬカタチを言葉にするならば、「結界をはる」といいます。

人としては、そのような状況をつくらないように配慮します。

上記の様な事を書いても、分かりづらいと思いますが、人と言う、自分の思考で、振る舞うと、自分の大切な者を、現実に失う事になると言う事です。


家庭の崩壊、仕事がうまくいかない、それは、まだ良い方です。

此処に、「死と言う存在」がある事を、気にも留めずにいる事が問題なのです。

何故男性が居てはいけないか、何故子供がいてはいけないのか⁉

産土には生を産むために、先ず死と言うものがまとわりつきます。

産土は、今ある種子（生）を滅ぼし、次の卵を産むため純粋な物を欲しがります。そして、次の新しい生を産み出していきます。

人間であれば男性は種子を持っているからです。

子供は純粋だからです。

約束と結界

「生」→産土が、見えぬ子供を産むためには、純粋な人間の子供の方が扱いやすく適していきます。そして、神と称するもの、大いなる存在と言われるモノ達が、必ず舞い降りてきます。私達を守ってくれている守護霊や、前世、精霊、魂と言われるものを扱うということです。

そこには人と人との約束、神事を行う仲間と仲間との約束、チヂとチヂとの約束、神と神との約束と言う物があり、それを守れるか否かが試されます。

信頼のもとで行われ、そして、人・人間の叡智を越えた事が始まっていきます。そのために、この様な神事を行う場合、周りに影響が出ない様に、人には感知できない見えない大きな結界のドームを張っていきます。

しかしどんなに神事の主旨を伝えても軽く考え、約束と信頼を失うと、その者を守護している霊性の結界は崩れてしまいます。守っていたところから、亀裂が入ります。内側と外側からです。亀裂、穴をふさぐには、代償がいります。代償とは宿る魂の「死」になります。

更には、神事を共にした仲間達の霊性や生命にも影響を及ぼすだけでなく、他者に与える影響、自分の家族に及ぼす影響、子供の未来をつぶし、友人知人達の人生をつぶし、助かる命を救う事も出来ず、男性の死・子供の死を招く事になります（現実に現象として表れる事があります。他者の子供ではなく自分の子供になる事もあります)。

我々の様な者から言わせると、神代の世界観では、約束という物は、人と人との約束、神と神との約束、そこには自分勝手な都合の理は一切通用しません。

このカラクニ神事、産土神事は、日本国民の命と死に関わる、とてもとても、複雑に絡み合った、意味合いを持つ重要な祈り神事の思いで行いました。

男性・女性とも、種がなくなっていき子供が産めなくなる時代がやってきます。

それは、自分たちの子孫かもしれません。

「生」「死」→目に見えぬ大きな存在からの選別は、祭祀をつかさどるモノ、政をつかさどるモノ、霊的資質があるモノ、それらに関わるモノからきます。

産土は見えぬモノ達の生死を扱います。

神託にあるY遺伝子崩壊は、男性の死を意味します。

見えない世界観の霊的な見地からすれば、子供の死を意味します。

この神事においては、女性神、母神、大神と呼ばれる者達が、これから起こりうる「死」というものより、「生」を産むための神事になることに重点が置かれます。

龍宮神と言われる存在達の協力が必要になります。

この様な事柄を、口酸っぱく伝えていても、他人事と捉えてしまう者がいます。だから人は好き勝手に振る舞うのです。

しかし、神事の意味をそれぞれが、身の内という肉体にも心・魂にも入れ、巫女魂と呼ばれる存在達が共に力を合わせて行えば、救える命があると言う事です。

そのために、祈り合わせの協力が国内ならず、世界中で行われているのです。

この神事においては、「末法の世のとおらい」という神託啓示がおりました。

※末法（ウィキペディアより引用　カテゴリ：仏教　最終更新　２０２１年5月1日(土) 10:08　https://ja.wikipedia.org/wiki/%E6%9C%AB%E6%B3%95)

末法（まっぽう）とは、仏教で、仏の教のみが存在して悟りに入る人がいない時期のこと。または、釈迦の死後１５００年（または２０００年）以降の時期のことである。

※末法思想（ウィキペディアより引用　カテゴリ：仏教の歴史　最終更新　２０２１年8月18日(水) 18:06　https://ja.wikipedia.org/wiki/%E6%9C%AB%E6%B3%95%E6%80%9D%E6%83%B3)

末法思想（まっぽうしそう）とは釈迦が説いた正しい教えが世で行われ修行して悟る人がいる時代（正法）が過ぎると、次に教えが行われても外見だけが修行者に似るだけで悟る人がいない時代（像法）が来て、その次には人も世も最悪となり正法がまったく行われない時代（＝末法）が来る、とする歴史観のことである。

日本の平安時代において、「末法灯明記」には無戒の時代であることを強調するものであり、これは仏教が堕落し社会が混乱している時代に育った鎌倉新仏教の祖師たちに大きな影響を与えた。栄西や、曹洞宗を開いた道元は、釈迦在世でも愚鈍で悪事を働いた弟子もいたことや、末法を言い訳にして修行が疎かになることを批判した。そして修行に努めることを説いた。

※愚鈍（ウィキペディアより引用　カテゴリ：知能　最終更新　２０２１年3月11日（木）13:11
https://ja.wikipedia.org/wiki/%E6%84%9A%E9%88%8D）
愚鈍（ぐどん）とは知性、理解力、理性、機転または判断力の欠如のことである。

平成最後の神事と令和元年の神事を終えましたが、壮大な神託啓示が降りる天天は、更にRNA遺伝子とそれにまつわる病の発生の神託啓示を伝えてきました。

そして、２０２０年に新型コロナウィルスが発生しました。

ウイルスにかかるのは、男性が多くなる傾向がありました。

また、ウイルスは変化しました。

また、アースカタストロフというサイトの記事で、

「欧州医薬品庁のデータベースが示す「ヨーロッパでのコロナワクチン有害事象」は、報告数16万２６１０件、死亡事例は３９６４件。副反応の比率は女性が圧倒的多数であることも判明」というものがありました（https://earthreview.net/4000-deaths-160000-injuries-ema-reported-0313/?fbclid=IwAR3YoNC7md_-lI-VmqS_1ZEmzUllfsqeRZzQcI_oo4uvsD6zgvyaYlTfjfA）

私は、これも神託啓示の現象が現れたと思っています。

沖縄某所の海岸でカラクニ神事を行う

第十九章

亡き野原千代先生と
ヤマトシジミの出会い

第十九章　亡き野原千代先生とヤマトシジミの出会い

2011年3月11日に日本で巨大地震が起こり、神託啓示が現実になった事を憂いていた夏ごろに、当時仲間内の一人で聖地巡礼も共にしていた、沖縄のユタ神さんの知人を通して、ヤマトシジミという蝶の奇形の写真を見せられました。

写真（213ページ）をみると、両性具有であったり、羽の文様がかわっていたり、吸い口が丸まっていたり、あきらかに遺伝子が変化した奇形種でした。

この写真の蝶は研究半ばで世間に発表されていませんでした。

私は、その写真をみて、啓示に関係するかもしれないと思い、当時の仲間内のユタ神さんに野原千代先生の紹介をお願いしました。

千代先生は名古屋の愛知大学で准教授をされていましたが、新たな研究を行うため琉球大学大学院にて研究院生として学問に励んでいました。そして、311の東北地方太平洋沖地震での福島第一原発事故を目にし、ヤマトシジミと言うチョウで、低線量被曝の影響を研究する事にしたようです。

千代先生がこの研究を始めて半年ほど経った11月に、仲間内のユタ神さんを介し、私は初め

正常なヤマトシジミ

翅（ハネ）が不全
（飯舘、福島市）

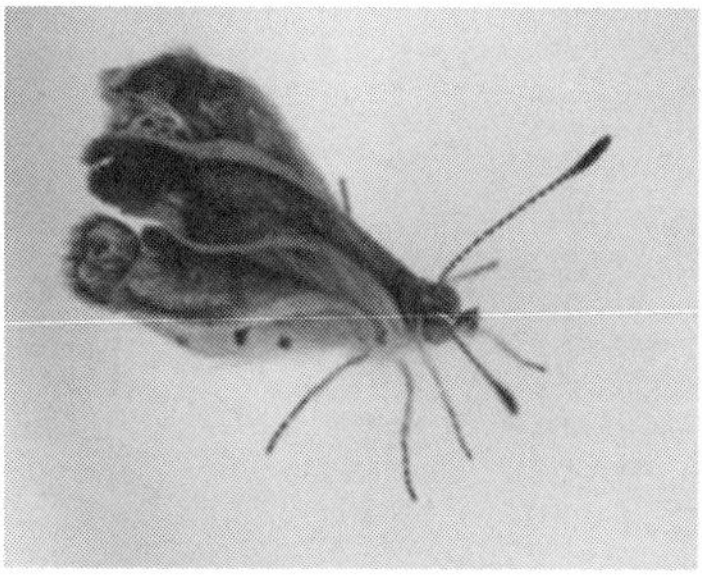

翅（ハネ）の不全で飛べない
（福島市）

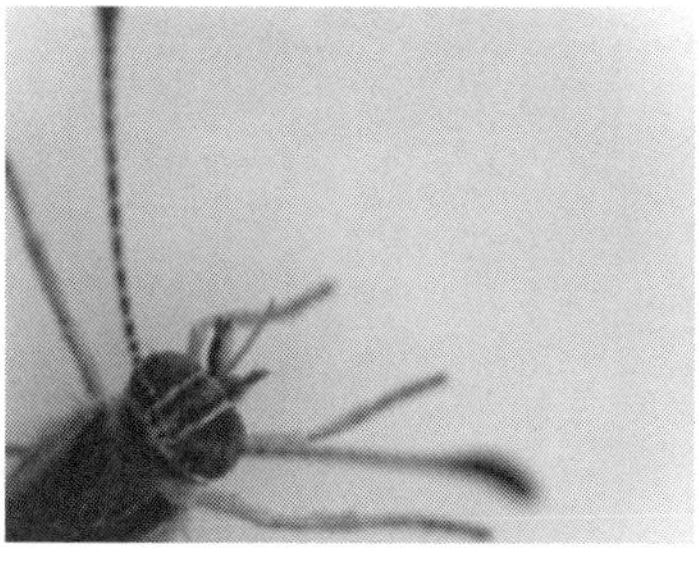

口吻（ストロー）が短い異常
（飯舘）

ふ化しきれない
（福島市）

て千代先生にお会いすることが出来ました。当日は、２０１０年の奄美大島セレモニーに関係する水・土を集めるために、一緒に聖地に行ったユタ神さんの知人の巫女魂達も一緒でした。

私は千代先生に、様々な神託啓示を受けていること、その中に遺伝子に関係する神託があることと、私がどういう人物であるか素性を伝えました。千代先生は、私達を不快に思うことなく、私達の神託啓示を真剣に聞いてくださいました。熱心に我々の話に耳を傾けて下さる千代先生を信頼し、我々の神託啓示がファイリングされているものを幾つか見せ、千代先生にあることをお願いすることにしました。

それは、
・ヤマトシジミが三世代、六世代〜七世代の内、異形種変化に気を付けて見る事
・正常な雄と奇形種の雌の交配、正常な雌と奇形種の雄の交配、正常同士交配を行い、どの世代に、奇形が多く現れるのか
・死滅する率はどの世代か
・放射能の耐性が出来る世代は、どの世代から始まるのか
という内容でした。

その話を聞き、千代先生はすでに三代目は終わってしまっているとお話され、私がなぜ三世代に注目するのか不思議に思ったようです。

放射能が血縁者でも三代において親・子・孫の内に、どの世代に影響を及ぼすのかを私は知りたかったのです。

そして、天地創造の神話の中でも、世界を六日で創り、七日目は休んだという話があること、13人のグランマザーが、物事を決める時は、七世代までの事を考えて決めるということ。三世代、七世代には放射能であれ、自然現象において何らかの影響があるのではないか。数字には、意味があると説明をしました。

次にお会いした時に、千代先生はコールドショックという現象があり、六世代から七世代あたりに突然変異が起こることがあると教えてくださいました。

研究が進む中、私は千代先生から科学雑誌の中でネイチャー誌、サイエンス誌のどちらに載せた方が良いかも相談を受けました。

その後、研究はスイス・ジュネーブで開催されたシンポジウム「放射線の遺伝子への影響」で講演し、大反響を呼んだと聞いています。

ヤマトシジミの採取を手伝ったというご主人も紹介していただき、東京のご自宅にも招かれ、ご自宅のヤマトシジミも見せてもらいました。ご主人からも、千代先生のこの研究に対する思いを聞かされました。この様に、千代先生とは一緒に食事をしたり、私達に降りている神託啓示を伝え、科学的見地を拝聴したりすることもできました。

以下に千代先生からいただいたメールを載せておきます。

2013年3月3日　野原千代先生からのメール

和美さん啓示で

「ほうき星とあったものを、この星と共にある。アズーラのものと共に、創り直し始まりである火の神と共にあるものをあいなり。天の古河を、ゴジョウの川原にもちて、神の陰陽を賜りてフクツの者を、起こすことにする」

「天の神をもちて、この者〔私の中にいるもの〕、創り直し始まりである」というのを読んで、最も近いものを紹介します

◇ご紹介◇

以下の説は科学的に検証されたものではありません。が、彗星の世界的な発見をした方の説です。「太古の水」を開発した木内鶴彦氏です。ネットは見ていませんが、出典は、「生き方は星空が教えてくれる」サンマーク出版からです。

【要約】

要は地球が誕生した頃の「水」を再現しようとされた方です。

つまり、地球上で生命発生の場となった時の水の状態は、ごく自然に活性化していた。

つまり、色んなものが溶け込みやすかった（＝溶解度が高かった）。

かつて巨大な彗星（＝ほうき星）が火星付近で太陽の熱により太陽の熱で気化し地球の引力に引き寄せられ、地表に近づき冷えて、雨となって地上に降り注いだ。

そのため、巨大彗星に含まれていた水分で地球の上の水分量が急増した。

それまでの地球は、陸：海＝３：１。それ以降、陸：海＝１：２。

それまでの地球は今よりも極端に水が少なく、重力も弱く（軽い）。

恐竜なども身体が大きい割に足が小さくともよかった。

地球環境は、この事件を機に一変した。増加した水の分だけ地球は重くなり、重力が増した。生き残った生物は何倍もの自重を感じるという困難に直面。

他方で、彗星の残りの方は質量が軽くなり、軽石のようになった中心部だけが残り地球の周りを回る衛星になった。それが月である。

２０１３年３月14日　野原千代先生より「ヤマトシジミの研究放映」

和美さま。ＴＢＳは関東のみ放映されました。関西も沖縄も配信手配が間にあわなかったようです。5時放映なのに、1時ごろまで私達とデータの遣り取りをしていましたから。その代わり、かなりきちんとした内容だったようです（夫は東京で見たので）。
※福島原発事故において放射能をヤマトシジミの奇形種で研究する、その発表をテレビで放映された時のやり取りです。

神託啓示のことについて。

水のそこにピンク色の塊と、緑色の塊が出来ていると言うものを見つけ、啓示が言わんとしている事を更に知りました。

すでにご存知かもしれませんが、念のため書かせていただきます。

この緑色のものは、珪藻（けいそう）という種類の微生物ですが、この身体は、ガラス（珪素）で何重にも覆われている構造です。ということは、太陽エネルギーを集めるのと同様の効果をもたらしているのではないかと想像します。ということは、太古の水（当初の地球環境）の中では、これら微生物が本来の活動を始めることができる、自前（体内）でさらに水を浄化して自分らの餌として何かを得ることができる、ということだと想像しています。

一方のピンクの方は、浄化されないままの水が、太陽に晒された場合、腐敗するしかない、ということでしょうね。この実験を暗室でやった場合、恐らく太古の水の方でも、珪藻は発生しないのではないかと思います。確かめてみないとわかりませんが。以上、思いついたので送信します。

もうひとつ。和美さん達の神託で「此が、生命起源種にある、女と言う、生物、ミトコンドリアに関係してきます」ですが、ミトコンドリアは、母系遺伝のみです。父親の情報は遺伝しません。

と、私にとっては大変貴重な情報を得る事が出来ました（第十七章のY遺伝子や緑やピンクの話とリンクしています）。

他にも「月の水」と言う神託があり、これらについても、臨死体験された方の水に関係する講演を東京で聞くことが出来ました。

このお二方の内容と我々の神託啓示を検証するに、生命化学の視点から見た場合、先程のピンクのおばさんは、男性の染色体（ＤＮＡ）を示唆しており、ミトコンドリアは母性にしかないとなると、やはり、今後未来において、男性の生殖が著しく低下をして行くのでしょう。

原始地球の古代水は、浄化は勿論ですが、究極、男性、女性のＤＮＡの変化、生物学上元に戻す事を示唆している（男性の核がコピーできない）という事が確認出来てきました。

2013年4月5日　野原千代先生からのメール

以前和美さんが、「ダークマターの春が来ると、巳年の啓示にもありましたので……」とおっしゃるように、まさに一昨日、ダークマターの証拠が取れたかもしれないという報告がありましたね。もちろんスイスのCERN発ですが。http://headlines.yahoo.co.jp/hl?a=20130404-00000012-maiall-soci

宇宙を構成する物質はたった4%であり、それ以外の「何か」が発見されていませんでしたが、ダークマターの存在が証明されれば、その4%プラス、宇宙の22%の「見えない」存在（ダークマター）があるということです。

しかしそれが証明されても、まだそれ以外の、74%の宇宙エネルギー（ダークエネルギー）の存在（仮説）の証明が残っていますが……。

こういう見えないもののなぞが解ければ、太古の水の不思議なエネルギーの証明にもつながり、というかまさにそのことだと思っていますが、何とも興味深いことです。

2013年4月7日　野原千代先生からのメール

和美さまの啓示で「環境が変わって行くから、この高度な意識体を持つタンパク質は、原始地球の水を、必要とするのではないでしょうか」とありましたが……

アミノ酸がいくつもつながってタンパク質になり、そのタンパク質がいくつかまとまって複合体ができるので、アミノ酸が基本ですよね。そして、当初生命が発生したのが太古の水の中ですから、おっしゃるとおりだと思います。前段の「環境が変わって行くから、」という内容につき、今思っていることがありますが、後ほど、時間がある時に書いてみたいと思います。

前便の追加です。

そして、私が311で研究テーマを変える前に観察していた際、この藻類は、シャーレの中で、無性生殖ではなく、有性生殖をしておりました。ということは、以前のお話に戻りますが、今の水の環境は、この生物にとって必ずしも良い環境ではない、ということを表しているのでしょうか。

私が偶々見ていた時にそうだからといって、すべてがそうであるかどうかは調べていませんが。

2013年7月2日　野原千代先生からのメール

和美様

大変ご無沙汰しております。こちらではお陰様で、ゲノム・プロジェクト目標にしてきましたが、メディアその他の取材を受けて宣伝し、ようやく集まりました。また、ゲノム解析に必要な実験を昨秋から続けていましたが、こちらも最初のステップが成功し、次のステップに移りつつあります。

メールに返信を、と思いつつ遅くなってしまいました。ひょっとしてご参考になればと思います。

藻（も）の一種である珪藻（けいそう）のことは前便の通りですが、それ以外で私の知っている藻類（そうるい）の中に、面白い種類がいます。

栄養が十分な時は無性生殖で増殖します。無性生殖というのは、生殖活動なしにメスが自分一人で細胞分裂してふえることです。そして、飢餓状態など、環境が悪化するとオスと有性生殖を行います。自分たちが住んでいる環境の状態によって、無性生殖でも有性生殖でも、どちらでも増えることが可能なのです。

この性質は、環境に応じて子孫を残すために良くできた方法だなと思う次第です。

科学的見地を教示してくださった千代先生は、私にとって尊敬できる人物であり、信頼しうる友人でもあります。

その後も研究発表は、オランダ、フランスと発表されました。

海外では、凄い反響だったと聞いています。

研究が進む中、千代先生は放射能が安定する世代を伝えてきました。生き残る世代があるという事ですが……私が、「では、それまでは、環境が安定するまで（細胞における環境）、亡くなる個体数が多いという事ですね」と確認すると頷いていました。

研究が順調にいく中で、私はあることのお願いをしました。

地中にいる微生物の変異、変化を調べられないか。

またはミミズなどの両性具有の動き、変異を調べることができないか。

それは、神託にある雌雄同体変異と放射能の関係において、微生物で見られなければ、ミミズなどで調べれば地中における電子崩壊・放射能との因果関係がわかるのではないか。

人間を始め生物を、大地の海・大地の成分に似せて、肉体を創っている。

それが崩壊するとなれば、雌雄同体の生物にも必ず影響をおよぼす。

ひいては、啓示にある細胞核の変化を知る事で、人間の細胞核（ミトコンドリア）においても、研究でき、未来の人類を救うことが出来るのではないか。

と説明をしました。

研究が進む中、研究費も削減され、一時期断念する思いもよぎったようですが、その度にこの研究が必ずこれからの世の中に役に立つものであると、叱咤激励をしました。

千代先生は体調を崩すこともありましたが、未来のことを考え研究を続けました。そのうち、研究をする中で体調を何度も崩され、ご主人から連絡を受け秘かにお見舞いに行くこともありました。２０１５年夏には千代先生の身体をみて、内部被爆とはこういう症状になるのかと、私は大変ショックをうけました。

２０１５年10月28日の夜中、千代先生のご主人から千代先生が亡くられたと電話をいただいて、私は取るものも取り敢えず、翌日には沖縄に帰省しました。千代先生の遺体と対面し、千代先生と初めて会った日に、雌雄における遺伝子の神託啓示を伝え、一緒に沖縄の聖地にも行き巫女魂達と祈り、未来の世の中について話し合ったことを思い出し、私は手足をもがれた思いになりました。亡くなられた後もお墓参りにいきました。三回忌の時も、今年の３１１の翌日にも、お墓参りをしてきました。

千代先生が最初に、福島原子力事故における放射能事故を研究したいと思わなければ、この研究は世界に知れ渡る事は無かったでしょう。

蝶と人間の遺伝子と比較するのは、おかしいという学者もいます。

しかし、大きく見ると、六世代または七世代あたりに突然変異が起こり、放射能に汚染された地球の環境にも適したものが生れるということになります。

反対に、環境に適さない人間生命（ＤＮＡ・種族）は徐々に絶命する種でもあるということです。

新型コロナウイルスで世界はパンデミックを起こしました。

千代先生が生きていたら、このウイルス変異について我々の神託を聞き、ウイルス変異について夜遅くまで語り合ったことでしょう。

本当に残念で残念でなりません。

地球は、人間のためだけに、生命を維持しているのではありません。そのことを、幾世紀も神話や、我々のようなシャーマン達に神託啓示、予言という形で伝えているのです。

これらは、今日明日起こるのではなく、徐々に時をかけて、一般の人達にも分かるようになるでしょう。

第二十章

国内外のプレートと極と地軸に関する神託集

第二十章　国内外のプレートと極と地軸に関する神託集

神託啓示の原文の一部も講演会以外ほとんど表に出る事はありません。

又、私が行う神降りなどという神事は、巫女魂達も知人もほとんど見る事はありません。唯一セレモニーで見たとしても限られているため、ほとんどの人が神降りの儀式を目にすることはありません。

このため、私のような者を、ただ祈りを行う人（何々をお願いする祈り）・霊能者としてみてしまう方もいるでしょう。

本文には降りている内容を解読、解釈して一部分だけ載せていますが、以下にある神託啓示は、その原文です。解読、解釈はしません。ビジョンを含め、我々にどんなふうに神託啓示が降りているのか、また、大いなる存在と言われる意識体達がやりとりをしているのか、知っていただければと思います。

この第二十章から第二十二章に記しているのは、私と天天の膨大な神託啓示の原文、神儀のほんの一部になります。

日本のプレートと極と地軸に関する啓示

２００９年8月6日

玉手箱を開くと！

本当に玉手箱をひらくのか？

玉手箱開くとなれば、ククルカーンの地もゆれるとき。

父島から青島（チンタオ）をぬけて、サマルカンドまでつなぎグリーンランドから北極を抜け、太平洋を縦にわる」

その交わりのところに、磁力の方向を変えるものがある。

地軸を23・5度から34・5度まで倒し、軸の最長端にあるねじりの端をのばしのばし、するると、惑星が一つはいると思うが。

プラトーンを使用した罪は大きく、地軸は歪み続けている
土星の軸は崩れてきており、引力は弱まっている。

富士のキモンを開けし今、サマルカンドに通じる道に、音足らず、水の音も弱まって

おるからな。

アメンをおこして、ノースカロナイナとつなぎ、ビャッコウをつよめるか。

アフリカの地、ここは、なくなるよ。最初にプラトーンを使ったからね。

中南米とアイスランドの地層に関する啓示

2016年2月6日

「ようよう、目覚めてくださったなぁシルヴィアには、氷河はとどかなんだが、あてがはずれたわけでは、あるまいて。氷河をとりまく、蛇のな、ククルカーンが、邪魔しよったからな。とどかなんだというまいて」

「あのものら（ブータン王国の地層）は、カーンの一族よ。あのものらにはな、門（鳥居）になってもらうのよ」

「約束、約束、契約。ピクルトの時代からの契約」

「羽根がはえよったか。蛇が飛ぶか？　首根っこを押さえとかねばなぁ。また、はいりこむでなぁ。ヤヌー（ヤヌス?・）までは、届くまいて」

「アイスランド？　一部地形が変わるほど崩れるで、注意しいやぁ」

2019年6月24日

気象庁のニュースから、インドネシア付近のマグニチュード7・5と推定される地震を伝えられる。

私（天天）はこのニュースを見て、「次は茨城…、いや。八丈島だな。沢山の生命が、なくなる映像あり（私側のモノに対し）人殺し。生命を奪うもの。非道」というイメージを受ける。一粒の生命に繋ぐため。という感情を持ち、憎い気持ちを持つモノに対し、まっすぐに見つめているモノがいた。

また、6月24日19時22分頃には伊豆半島東方沖で推定最大震度5弱の地震が発生したとのニュース。これを見て「一滴、たらなんだか（ヒトシヅク足らなかったか）」と聞こえる。「マージナルの意識の1つである」

時間が経ってから、フィンランドを動かすか動かして隕石の落とし場所を決めたいイメージを受けた。

2020年6月28日

アイオーンよ。我らも、去ろう。
全てできることは、相乗することのみ。
金星の意識と共に、七星のものもつれて。
大河の意識となろう。川の氾濫と共に、相乗しよう。
次は、火の意識だ。アイオーンよ。
ジグラルトまで通った時のことを覚えているかい?
サウスパンでは、ずいぶんと驚いたね。
鉄の意識を上昇させると、輪が外れ、輪が外れ。
キョウドの地に穴をあけよう。
まずは、そこから出そう。ちょうどいい、穴がある。
次は、オル(レ)ガン州? だ。そちらにも穴をあけよう。
ちょうどいい穴がある。
コレチカット州
三蔵法師がどんどん小さくなる。
ホーガン。ホーガン。役目は終わった。

津波のオーラビューがみえる。
亀の首が長くなり、白い花を食べる。
甲羅まで白くなり、ガラスとなる。
ゆっくり、ガラスとなる。

太陽で大きな爆発がおこり、空をピンクに染める。
液状化が始まり、すべてが少しずつ溶け出す。
地はオノコロを作るときになる。
マグマを呼び寄せ、次の木星となる。

ソールホーン、ソールホワイト。

流れ星にのって、やってくる。

2020年7月14日　私と天天のやり取り

私と天天や他の巫女魂達は全国に散らばっていますので、電話やメール等で以下の様な神談義を行っています。天天には天天の人間としての生活があり、その時間の合間で神事を行うようにすることで、人間の生活を守るのです。

和美「この啓示は、富士が揺れるという事は、噴火をするという事でいいかな」

天天「噴火ではなく、割れて沈む映像がみえます。噴火後の映像なのか、否か」

和美「カシマにこうべを垂れている所をみると、海底から割らし、沈み込みを起こすかもしれませんね」

天天「そんな感触があります」

和美「昨日送った、大西洋中央海嶺にあるように、プレートは開くのでしょう。逆回転を起こすわけだから、あちらこちらと、災害が頻繁に起きてきますね」

天天「噴火するなら、長野県の方かなという感触です」

和美「マグマだまり、火の通り道をどこに変更したのか、考えていたら、長野のほうに移ったとなると、アルプス山脈から、日本海側まで通るかもしれません。ホウライ山は富士の異名になる。メギドは都市国家。大地の者達の悲しみにならないように、行うという事だね。始まるなぁ」

天天「はい。その様な覚悟を感じます」

和美　「巫女魂さん達が（霊的修行をしている）、亡くなる者達の魂を、沖縄は龍宮に、本土と水天宮に繋げることができるといいのですがね。世界では、マリアが崩れるという神託があるわけで、磁場が異常な程乱れてきますよ」

天天　「ヒトが入り、イッシンとなったものが、動いて下さるとありがたいです。人の意識と神の意識が必要。肉体はすくえないけど、魂は救えるからね。だから、人は、祈りが必要なのです」

2020年7月

「土地が沈んだなと感じる。中央構造線が思ったとおりに動くのかと、地中にある地層の様な映像が、思い浮かぶ」

「アメリカ大陸を支えていた大きな龍を起こして、動き出した映像をみる」

「エネルギーの具現化したモノの様に感じる。アメリカ大陸に執着がない。ただ、眠っていただけの様に感じる。火山は、五大湖寄りの方に出る様な映像がちらっと見える」

（五大湖に関して、福島原発事故後の汚水で、汚水と五大湖をつなげるのも一手。そういう方法もあるという神託啓示があります）

2020年7月　天天とのやりとり

「人が、人が、（何回も『人が』を繰り返す）たくさん死ぬ。サルガッソーが動く」

「カナダが動く」

「北アメリカ大陸の下に、大量の水が流れ込み、大陸が裏返った映像」

「ストーンサークルの守りビト達に申し伝えよ」

「彼らをアーリアから焼払い、この地のミトコンドリアの消滅とす」

2020年冬至　神事の神託啓示一部

「祈りの意味も分からぬ者達が、そこかしこに居りますれば。この者等の頭をすげ変えて、ホトの中の入れても、身震いするほど朽ち果てて、腐っておりますれば、この大地もそのようになっております。わだつみの者に……」

「沖縄が沈みます」

「東インド潰れます」

「東シナ海から北極を抜けていきます。大陸灘がようやっと動きます」

「天平地異を起こすには、まだまだ早いかと」

「遅いぐらいだ。あれ程、祈りをしたにも関わらず、人の子はなんとまぁ、愚かな事である」

2021年2月14日

「猿のシンモンを申し上げる
一、ビショップを持ちしモノどもから、ここにタクラマカンノンのサイケツを言いわたし。
二、天より降りし弁天のヒケツを言いわたし。
三、ボンテンのモノどもの、シジンを外し。
四、マージナル、結界を外し。
五、『カルストを動かす（カリスト大地）』
語り部の子らがいなくなった時点で、オワッタのだ。そういう、約束だっただろう？」

我々の神託（メッセージ）、啓示（これから起こる事=現象）は、地球や人に愛をとか光とか、人、人間、人類、国々の過ちを許すという、都合のいい曖昧な言葉はありません。
私はこれまでの神託をまとめていく中で「地球とダークマターが決めた事。人類に警告を伝えていたが、これでは、我々は手も足も出ない」と、我々と言われる存在達の意識の神託をうけます。

人類への警告は終わり、次は、新たな地球の始まりを伝え、地球上の生物の絶滅を意味します。我々の地球と太陽系惑星の啓示になります。

実際に何が起きるかを、人・人間・人類に知らしめています。

これから、人・人間と言われる生物が、更にどのようにして、この地球上に住めるか、住めばよいかが問われていくでしょう。

人類のために、地球があるのではありません。地球があるから、生命が始まり、文明が起こるのです。文明の衰退は、新たな文明と時代をつくるために、絶滅が始まるのです。

第二十一章　遺伝子ゲノムに関係する神託集

第二十一章　遺伝子ゲノムに関係する神託集

こちらも、私の神事のやり取りや天天からの生命活動、ゲノムに関する神託です。これは、解釈するというよりも解読をする事自体が難しいのですが、コロナウイルスの変異株や、最近の日本列島や、世界各地の地震、噴火も異常気象、地球環境も現象として現れたので、此方もあえて全文を載せることにします。

２００９年7月20日　天天の神託啓示の全文

母の悲しみ
父の悲しみ

テンサンとカオスに示す所

手足に散らばった、全ての水晶を集めると集めると、集合集石（しゅうごうしゅうせき）となり、七つのヤボウを引き出す。

みなみなしがた、雷はシュセキボウシ（集石星）の集合体である。
地と天繋ぐ意味に取るのは、ある意味通じているものがある。

しかし、イオン放出に耐えられない、金属分子を体内に宿している地球産には、必要な、生きていくのに必要な現象である。
ゲノムの配列は、意味のないことであり、スターホーンとヒプノグライドを浸透さすことは、モノモノ生命活動の維持とともに、霊性をあげることの役に立つだろう。

結果論として、目指す結果がでなければ、ここでいう輪廻転生は、結集せずにいたらず、肉身を持った集合意識の存続は、成り立たないということになる。

カオスの理論を用い、リンダムに、放出させる生命維持に対する活動は、酸素 O_2 の性質により、生命存続の波動の短縮と、ホルモン調整の振動の低下にて、生命体の質の低下となった結果をえた。
ついでに、水晶などの結晶体は、固定された波動で念や想念はのせやすく、振動波形の遠心力により、軸方位の転送を可能にしやすい。

確かに、レムリア時代の意識を乗せるのことは可能である。時代の意識と時代の転送は、次元の往来を意味し、螺旋軸に乗せることはできるが、かといって個人の霊性の上昇が、地球産の全てのものの上昇には、つながらない。

地の振動は微細に変わっておる。要、要でシ音を広げていかねば、なるまいて。揺れるが（地球の）オトがないな。命のオトがなければ、モノモノは死に絶える。命のオトを地に吹き込め。

2010年5月14日　天天の神託啓示

動かしていく大地は、現在ホットプレートといわれている大地をあげる方が、望ましいのではないか。

時代は、先カンブリア時代まで戻り、ミトコンドリアやRNAを作り始めた時代まで戻るために、ホットプレートを下げ大地につり上げていく作業をする。

すると、天幕をきちんと頑張っとかないと、有害なものがとんできて、違うＤＮＡが出来てしまう。

地球では育たない宇宙人である。

新ＤＮＡを造る為には、正常なＤＮＡに戻す↓ベースを整える作業が必要。


地球が何度か危機に陥った事が何度かあるが、五大湖のマキーノ島辺りに、神が降り立ったこの時代の龍宮であった。

これらのことから、アメリカかアフリカから手を入れていく必要があるのではないか。

２０１４年12月４日　天天の神託啓示

遺伝子の進化が猿から人ではなく、種類別に考えられている（例えば植物や爬虫類など）全ての生命体を遺伝子の配列を当てはめると合致してくることを全ての人類に説明していない。特に、Ｙ遺伝子に関与してくることを生命に説明する必要がある。


Ｙ遺伝子がうすれつつあるいま、が好機である！

魂の系譜をもってするものに、肉体を変えよと申すのか！　肉体の系譜の維持に勤めてきた者共は、何をしとるのか！

遺伝子のコウハイレツをもって、Y遺伝子を配置する。

2019年7月14日　※大事な所は『　』にしています

その後、中東の関係、海底地層、地球の磁場について神話における神儀の神託が降りた時のものです。

宝珠をたまわりしものから、まずはあげていきます。

サウスパンが落ちました。

サルスベリが落ちました。

ミトラは、もういないですから。

ヤングキトラのものどもも、契約ですよね。

一掃します。

全てのホトが一掃します。

資産形成が崩れますね。
（地図が浮かび、広範囲に散らばっている、青い点の、映像があり）

う～ん。西インドから落とします。
そうすると、地中海へ、つながるでしょ？
あそこには（地中海）、アンデスへの扉があるので、そこから潜り込みます。
すると、チチカカの一帯の神を引きずり出すのに、好都合です。
今、ちょっと、噴火しているので、いいタイミングです。
その引っ張り具合で、中央インド↓北インドという順に、沈み込みが始まります。
人々という種族は、大地にかえることになるでしょうが。

じゃ、モンゴロイドの中に入っている血は、どうするのですか？

『病ですね。病が発症するものと、しないものとに、分かれます。特定されてはこまりますからね。そのものの、ランダムに形成された。ＲＮＡ遺伝子内にある、イー(E)構造から抽出します』

『そこには、各種、波動といわれる、シー(C)構造、シー(C)遺伝子、電化（でんか）を司る、スパイクの出る場所があります。そこが、動いてないと病になって、死にます。治りません。次の、帯電ができないと、人でいう停電になるからです。だから、死にます』

地球は、電化（エネルステック）を求めています。

南インドはどうするの？
南インドには○○○○の一族がいないから、いりません。
中央が陥没すれは、一緒に沈みます。

『稲作文化はなくなるなぁ。稲は水に弱いからな。小麦は乾地に強い種だが、だいぶいろわれているなぁ（遺伝子操作のこと）』

2019年7月28日　※大事な所は『　』にしています

母系と父系↙
卵子と精子↘
の在り方について。

『数々のミトコンドリアと出会ったが、これまでに、ここぞというモノ（長生きできる）はなかった。』

ご存じ、周知の通り、争いが生まれるからである。

争いには、脳（神経）は、海馬を司る（司り）、しかしながら、生体本能をなくすわけにはいかず、それを、はずすことは、できなかった。

『雄・雌（ゆう・し）（雌雄同体）』にあるとおり、一方通行であると（卵子だけ、精子だけ）、螺旋の反逆性がおこり、地球に対し負荷となるため、一走性（いちそうせい）は、排除した。

2020年7月8日　天天より大いなる存在の返答の神託

巫女魂より「少し気になることがあり書きます。私のまわりで脳腫瘍の人が多く、放射能のせいなのか、と書いたところ、宇宙線と。そうなのかわかりません」という質問がありました。

それに対する返事になります。

「神経細胞のガンマ線の損傷により、脳腫瘍は起きてくる。宇宙線がかかる理由は、ご存知のとおり、天幕（オゾン層）が薄くなることオゾン層に穴が開くこと。これは、人類にも言われていること。さて、一方、人類側の変種といのも、考えてみてくださいね。バーストにより、すでに、人類は、変種へ移行しつつあります。器（肉体）の損傷が激しいと、それを修復（痂疲）しようと、細胞は（ミトコンドリア）は動きます」

「え？　男の人には、ないって？」

「陰陽の形成により、一方が持ち、ないもう一方の方を補い合うのは、我々の常識だったはず。しかし、それだと、形成不全をおこすのよ。ピンタールの細胞がうまくいかないのも、その問題が解決していない。目に見えることが、細胞の実証なら、アポトーシスの理論は、崩れるはずよ」

「そもそも、自然現象ありきという発想は、もともと有るモノを再認識しているにすぎない」

「回転の不形成。人類の科学者が、たぶんこれの実存に理論をかぶせようとやっきになっていると思うのだけれど。この、実存主義のなかの発想では、限界ね。音から、形が生み出されるという発想を早く認めてしまえば、化学、科学、力学、量子という分野は、宗教を覆してしまうわね。早くしないと」

２０２０年７月９日

ワームホールを形成するということは、銀河系の神では、ないということとです。オトが違うのに、同一性のモノ（同軸回転のもの）をもってこれるわけ、ないじゃないですか。いかに、エコノミア、カオスなどの、不定形の領分とまじりあい、常に、こちら側で言う、遺伝子、螺旋構造のＹジカクのテイ、キカクセイの分率法則をかえていくか。

２０２１年３月５日

シャカの首もおち、一粒種（生命の種＝細胞核）をつかむ今。人が、いかに、守るかは、見ものである。

ＵＨ、ＵＨ。

遺伝子の欠損。ミトコンドリアの破壊、組み換え。

第二十二章　古代神　地球惑星　銀河関係　神託集

第二十二章　古代神　地球惑星　銀河関係　神託集

この神託啓示も、天天が降ろしたものになります。宇宙の意識体、大いなる存在達と言われる意識体、地球のプレートの動き、神話、人間の歴史にも関係しますが、これらの神託は人間の目線で読むと、理不尽に思うかもしれません。これらは、人間、人類の文明に対する神託啓示ではありません。それを踏まえた上で、大いなる存在達に焦点をあてて読んでください。

２０１４年11月21日

地球の周囲にある人間が廃棄した宇宙ごみのえいぞうが浮かぶ。
　海のものは、海のものに
　山のものは、山のものに
地球のものは、地球のものに返す。
そして、夜ロシアの発光のＴＶ。あれは、オーロラ爆発と同じような仕組みで放電現象。
天幕に穴があいた。

２０１４年11月21日

地球の天幕に穴があき、凸凹になったら、地軸？　軸てん？　地球の回転は滑り安くなる。

２０１９年６月19日

マージナルよ。目覚めたか。

※マージナル【marginal】（goo 辞書より引用　https://dictionary.goo.ne.jp/word/%E3%83%9E%E3%83%BC%E3%82%B8%E3%83%8A%E3%83%AB/）
［形動］周辺にあるさま。境界にあるさま。また、限界であるさま。「マージナルな位置に身を置く」「マージナルコスト（＝限界費用）」

この時、イギリスのウィズダム・キーパーズの方々と、聖地巡礼やグラストンベリーフェスティバルに参加するためにイギリスにいました。

日本にいる天天よりこの啓示を受けて、もっと詳しく交信できないかと伝えました。以下がその返答になります。

2019年6月24日　天天より返答として神託啓示

地球には、色々境目がある。（写真の境目は適当である）グリッドを再分割していくと、そこに新たな磁界が発生する。磁界の発生を変えることにより、引力圧ケイセイを変えるホールゾーンの開放と変更をする。圧縮キアツの変更をする。

天天からは、「マージナルとは、地球の神経とかリンパ節とか、そういう、たぐいを指すモノみたいです」との言葉も添えられました。

2019年6月24日

各地のジグラートが崩れる。それは、杭や防波堤が、崩れる様と似ている。育ちきらぬアワ玉も開放される。ヌチ玉にとっては、認めたくない現象である。1つの浮遊媒体（地球を指す）が崩れると先の（現時点より過去）ケイジャのリズムも壊れてしまう。無となるだけなので、この様な処置を行う。

2019年6月24日

不形成な回転も出てくる。よって、黄金比率を伴わない回転が始まる。そこには、人の感情をのせてはならない。

2019年7月19日

地球から、地球の内部から、磁気の発生が、行われるということですか？
そうだ。大気圏の陥没において。
ようは陸地（平地）が多い。
北米地区や中国地区が狙い目かな。
そうすると、地球は縮小はするが、爆発はしない。

2020年6月28日

アイオーンよ。我らも、去ろう。
全てできることは、相乗することのみ。
金星の意識と共に、七星のものものもつれて。

大河の意識となろう。
川の氾濫と共に、相乗しよう。
次は、火の意識だ。
アイオーンよ。
ジグラルトまで通った時のことを覚えているかい?
サウスパンでは、ずいぶんと驚いたね。
鉄の意識を上昇させると、輪が外れ、輪が外れ。
キョウドの地に穴をあけよう。
まずは、そこから出そう。ちょうどいい、穴がある。
次は、オル(レ)ガン州? だ。そちらにも穴をあけよう。
ちょうどいい穴がある。
コレチカット州
三蔵法師がどんどん小さくなる。
ホーガン。ホーガン。役目は終わった。
津波のオーラビューがみえる。
亀の首が長くなり、白い花を食べる。

甲羅まで白くなり、ガラスとなる。
ゆっくり、ガラスとなる。

太陽で大きな爆発がおこり、空をピンクに染める。
液状化が始まり、すべてが少しずつ溶け出す。
地はオノコロを作るときになる。
マグマを呼び寄せ、次の木星となる。

ソールホーン、ソールホワイト。
流れ星にのって、やってくる。

2021年2月28日

カシオペアを潰すそうしないと、七星（シチセイ）は無くならない。
タイヨウセイより半径7・4まで。

あとがき

三重県松坂市月出の中央構造線露頭地

２０１４年沖縄の某所にて私は豊穣の神事を行いました。

天天を通じて次のようにこの神事と、人々に対する神託を伝えてきました。

『こんなにもホトを、置き次のユグラドシルの地にしようと試みたのですね。頭が下がります。いつか、御身前にして、カナリアを吹きたいと望んでおりました。ヒトフエも、できませなんだが。人に頭（こうべ）を尽くし、手に泡をしたため、大地の息吹をこめようとも、そこに水鏡がなければ……。いいえ。水鏡があろうとも、人が、水鏡をわかろうとしなければ、アカシャの面々と繋がろうはずもなく。生命の爆発の振動が無限であると、勘違いしたのか？』

この意味を深く解釈しませんが、人は見えない世界の命というものを、どのようにとらえていたのでしょう。

それが分れば、人々は輪廻転生や生まれ変わりを、夢物語りように考えたりせずに、地球の存在や、今の地球環境においても、現実を受け止め、もっと人である自分と、自分と人と他者、周りにいる者達、全ての生命の源と霊魂をもっと大切にしたのではないでしょうか。

私や、我々と呼ばれている霊性・霊魂は、神託啓示にある自然災害、地震噴火、天平地異と呼ばれるものは人、人間に恐怖や苦しみ悲しみを与えているのではありません。

自然、地球には意識があるというのを、知っていただきたいと思います。

そこには個人的なこと、人、人間が思う考えの、安心、平和とはかけはなれているものがあります。

神託啓示と言うのは、人のため、人の世界のためだけのものではありません。

自然界が動き出し、地球の生命の意識が動き出すということは、人類の未曽有の大惨事が始まることを示します。

我々に降りている神託啓示は

・人の世界では、人の精神・心、霊界・冥界を先祖霊、命の循環という視点から

・精霊界、自然界は地球環境の視点から

・神界は生物、地球生命科学という視点から

・宇宙神、高次のものは、地球という惑星、太陽系銀河の重力、引力、宇宙波動、電離層の視点から

人、人間に、人類に伝えているのです。

人が人を喰らうことは、人と言う自分と他者を殺《あや》めることを意味します。

人が人を救う事が出来るのは、慈悲・慈しみを肉身・御魂に心底、しみこませたときだけです。

人間はこの世に生まれて死ぬまで、何事にも揺れない、人という芯をたて、一生懸命生き抜くこと。

人の手という器官は繋ぐこと。

足という器官はたとえ険しい事が目の前に起ころうとも、泣きくずれても立ち上がり歩くこと。

人は生れて亡くなるまで、一生懸命に生きること。

人間は、オギャーと生まれて、肉体から魂が離れ死を迎えるまで、一日一日、一生懸命生きること。泣いたり、笑ったり、怒ったり、喜んだり、と、一日一日を大事にすること。

それが、人間が生れた意味であり、課せられた役目だと私は思っています。

本当にそう思っています。

皆様も、その日、一日一日を、一生懸命生きて下さい。

どうか、皆様、未来の地球の生命にいざなう魂を創り上げてください。

大いなる存在の啓示には
・原始地球の核を創りつつある
・地球の環境を得るのは人でいう所の衣替えに過ぎない
・霊的魂を次の地球上の生命体に宿る為に目覚める事
を、促しているのを伝えています。


再度。

題名にある「ニルヤニヤ」にあるように、我々は、人々が知らない、未知・未世の世界からのメッセージを受け、それを知る者であり、行動するものです。

この本で、最も強調したいこととして、あらためて、本の最初に書いたことを記します。


神は、何故、人と言う存在を創ったのか。

神は、何故、人と言う器に入ったのか。

神は、何故、覚醒を忘れ眠ってしまったのか。

神と言う、存在は、人か、自然か、地球か、惑星か。


それにより、人が受ける神託は理の意味が違ってきます。

私は神託啓示を受け取る者であり、神と称する者達と共に歩み、神託啓示を伝え、大いなる存在達の依り代となり神事を行う者の一人です。

神々から伝えられることは。厳しいものもあります。つらいものもあります。それでも、今、この命があるかぎり祈り神事・神義を行うことが、私の道だと思っています。


今後も、私は、我々は、地球の再生に関われる魂と言うものを、掬うことが出来る者達と関わっていきたいと思います。

一人ぐらい、「人の世界では未曽有の大惨事が起こる」と言う厳しい神託啓示予言を伝える者がいてもいいかと思います。

たとえ忌み嫌われても、畏怖されても私は、その一人でありたい。

壮大な、神託啓示は解読しそれを解釈するのが難しく、それをまとめていくのは、長い年月と時間がかかります。

つぎは、神託啓示集としてまとめ、これから起きる人類の歴史、地球について、霊性や神話に関係することの研究材料にしていきたいと思ます。

又、伝統的な神んちゅではありませんので、今まで通り基本的に表だって出る事はしません。

この本を手にして読んでいただいた皆様、ありがとうございました。

大石和美

大石和美（おおいし・かずみ）

神んちゅ

沖縄県出身
ウィズダム・キーパーズメンバー
Wisdom Keepers | Reigniting the Ancient Ways

・北米ネイティブアメリカンのセレモニーに呼ばれる
・コロンビアの四部族の先住民のマモス（霊的指導者）達と祈り・儀式を行う（コギ族、アラワコ族、ウィワ族、カンクワ族）
・マヤ族のドン・アレハンドロ13代目大長老と祈りを行う
・イギリス・ロンドンで「人類と地球について」の講演会と、水のセレモニーを行う
・イタリア食の祭典（テラマードレ）で、沖縄の先住民族の神んちゅとして気候変動について神託を伝える
・2017年アメリカオレゴン州で行われた、皆既日食のECLIPSE FESTIVALイベントのセレモニーに呼ばれる
・2019年6月イギリス・グラストンベリーロックフェスティバルのセレモニーに呼ばれる

ニルヤ ニヤ
未知・未来の世界を知る人・者

第一刷 2021年12月22日

著者 大石和美

発行人 石井健資

発行所 株式会社ヒカルランド
〒162-0821 東京都新宿区津久戸町3-11 TH1ビル6F
電話 03-6265-0852 ファックス 03-6265-0853
http://www.hikaruland.co.jp info@hikaruland.co.jp

振替 00180-8-496587

本文・カバー・製本 中央精版印刷株式会社
DTP 株式会社キャップス
編集担当 中村隆夫

ISBN978-4-86742-062-1